# UZBEQUE
## VOCABULÁRIO

PORTUGUÊS BRASILEIRO

# PORTUGUÊS
# UZBEQUE

Para alargar o seu léxico e apurar
as suas competências linguísticas

## 7000 palavras

# Vocabulário Português Brasileiro-Uzbeque - 7000 palavras

Por Andrey Taranov

Os vocabulários da T&P Books destinam-se a ajudar a aprender, a memorizar, e a rever palavras estrangeiras. O dicionário é dividido em temas, cobrindo todas as principais esferas de atividades quotidianas, negócios, ciência, cultura, etc.

O processo de aprendizagem, utilizando os dicionários baseados em temáticas da T&P Books dá-lhe as seguintes vantagens:

- Informação de origem corretamente agrupada predetermina o sucesso em fases subsequentes da memorização de palavras
- Disponibilização de palavras derivadas da mesma raiz, o que permite a memorização de unidades de texto (em vez de palavras separadas)
- Pequenas unidades de palavras facilitam o processo de estabelecimento de vínculos associativos necessários para a consolidação do vocabulário
- O nível de conhecimento da língua pode ser estimado pelo número de palavras aprendidas

T&P Books Publishing
www.tpbooks.com

ISBN: 978-1-78767-345-8

Este livro também está disponível em formato E-book.
Por favor visite www.tpbooks.com ou as principais livrarias on-line.

# VOCABULÁRIO UZBEQUE
## palavras mais úteis

Os vocabulários da T&P Books destinam-se a ajudar a aprender, a memorizar, e a rever palavras estrangeiras. O vocabulário contém mais de 7000 palavras de uso comum organizadas tematicamente.

O vocabulário contém as palavras mais comummente usadas
Recomendado como adicional para qualquer curso de línguas
Satisfaz as necessidades dos iniciados e dos alunos avançados de línguas estrangeiras
Conveniente para o uso diário, sessões de revisão e atividades de auto-teste
Permite avaliar o seu vocabulário

**Características especias do vocabulário**

*   As palavras estão organizadas de acordo com o seu significado, e não por ordem alfabética
*   As palavras são apresentadas em três colunas para facilitar os processos de revisão e auto-teste
*   As palavras compostas são divididas em pequenos blocos para facilitar o processo de aprendizagem
*   O vocabulário oferece uma transcrição simples e adequada de cada palavra estrangeira

**O vocabulário contém 198 tópicos incluindo:**

Conceitos básicos, Números, Cores, Meses, Estações do ano, Unidades de medida, Roupas & Acessórios, Alimentos & Nutrição, Restaurante, Membros da Família, Parentes, Caráter, Sentimentos, Emoções, Doenças, Cidade, Passeios, Compras, Dinheiro, Casa, Lar, Escritório, Trabalho no Escritório, Importação & Exportação, Marketing, Pesquisa de Emprego, Esportes, Educação, Computador, Internet, Ferramentas, Natureza, Países, Nacionalidades e muito mais ...

# TABELA DE CONTEÚDOS

# GUIA DE PRONUNCIAÇÃO

| Letra | Exemplo Uzbeque | Alfabeto fonético T&P | Exemplo Português |
|-------|-----------------|----------------------|-------------------|
| A a | satr | [a] | chamar |
| B b | kutubxona | [b] | barril |
| D d | marvarid | [d] | dentista |
| E e | erkin | [e] | metal |
| F f | mukofot | [f] | safári |
| G g | girdob | [g] | gosto |
| G' g' | g'ildirak | [ɣ] | agora |
| H h | hasharot | [h] | [h] aspirada |
| I i | kirish | [i], [i:] | sinônimo |
| J j | natija | [dʒ] | adjetivo |
| K k | namlik | [k] | aquilo |
| L l | talaffuz | [l] | libra |
| M m | tarjima | [m] | magnólia |
| N n | nusxa | [n] | natureza |
| O o | bosim | [ɒ], [o] | de volta |
| O' o' | o'simlik | [ø] | orgulhoso |
| P p | polapon | [p] | presente |
| Q q | qor | [q] | teckel |
| R r | rozilik | [r] | riscar |
| S s | siz | [s] | sanita |
| T t | tashkilot | [t] | tulipa |
| U u | uchuvchi | [u] | bonita |
| V v | vergul | [w] | página web |
| X x | xonadon | [h] | [h] suave |
| Y y | yigit | [j] | Vietnã |
| Z z | zirak | [z] | sésamo |
| ch | chang | [tʃ] | Tchau! |
| sh | shikoyat | [ʃ] | mês |
| ' [1] | san'at | [:], [--] | mudo |

## Comentários

[1]  [:] - Prolonga a vogal anterior; após consoantes é usado como um 'sinal forte'

# ABREVIATURAS
## usadas no vocabulário

## Abreviaturas do Português

| | | |
|---|---|---|
| adj | - | adjetivo |
| adv | - | advérbio |
| anim. | - | animado |
| conj. | - | conjunção |
| desp. | - | esporte |
| etc. | - | Etcetera |
| ex. | - | por exemplo |
| f | - | nome feminino |
| f pl | - | feminino plural |
| fem. | - | feminino |
| inanim. | - | inanimado |
| m | - | nome masculino |
| m pl | - | masculino plural |
| m, f | - | masculino, feminino |
| masc. | - | masculino |
| mat. | - | matemática |
| mil. | - | militar |
| pl | - | plural |
| prep. | - | preposição |
| pron. | - | pronome |
| sb. | - | sobre |
| sing. | - | singular |
| v aux | - | verbo auxiliar |
| vi | - | verbo intransitivo |
| vi, vt | - | verbo intransitivo, transitivo |
| vr | - | verbo reflexivo |
| vt | - | verbo transitivo |

# CONCEITOS BÁSICOS

## Conceitos básicos. Parte 1

### 1. Pronomes

| | | |
|---|---|---|
| eu | мен | men |
| você | сен | sen |
| ele, ela | у | u |
| | | |
| nós | биз | biz |
| vocês | сиз | siz |
| eles, elas | улар | ular |

### 2. Cumprimentos. Saudações. Despedidas

| | | |
|---|---|---|
| Oi! | Салом! | Salom! |
| Olá! | Ассалому алайкум! | Assalomu alaykum! |
| Bom dia! | Хайрли тонг! | Xayrli tong! |
| Boa tarde! | Хайрли кун! | Xayrli kun! |
| Boa noite! | Хайрли оқшом! | Xayrli oqshom! |
| | | |
| cumprimentar (vt) | саломлашмоқ | salomlashmoq |
| Oi! | Салом бердик! | Salom berdik! |
| saudação (f) | салом | salom |
| saudar (vt) | салом бермоқ | salom bermoq |
| Como você está? | Ишларингиз қалай? | Ishlaringiz qalay? |
| Como vai? | Ишларинг қалай? | Ishlaring qalay? |
| E aí, novidades? | Янгилик борми? | Yangilik bormi? |
| | | |
| Tchau! Até logo! | Хайр! | Xayr! |
| Até breve! | Кўришқунча хайр! | Ko'rishquncha xayr! |
| Adeus! | Соғ бўлинг! | Sog' bo'ling! |
| despedir-se (dizer adeus) | хайрлашмоқ | xayrlashmoq |
| Até mais! | Ҳозирча хайр! | Hozircha xayr! |
| | | |
| Obrigado! -a! | Раҳмат! | Rahmat! |
| Muito obrigado! -a! | Катта раҳмат! | Katta rahmat! |
| De nada | Марҳамат | Marhamat |
| Não tem de quê | Ташаккур билдиришга арзимайди. | Tashakkur bildirishga arzimaydi. |
| | | |
| Não foi nada! | Арзимайди | Arzimaydi |
| | | |
| Desculpa! | Кечир! | Kechir! |
| Desculpe! | Кечиринг! | Kechiring! |
| desculpar (vt) | кечирмоқ | kechirmoq |
| desculpar-se (vr) | кечирим сўрамоқ | kechirim so'ramoq |

| Me desculpe | **Мени кечиргайсиз.** | Meni kechirgaysiz. |
| Desculpe! | **Афв етасиз!** | Afv etasiz! |
| perdoar (vt) | **афв етмоқ** | afv etmoq |
| Não faz mal | **Ҳечқиси йўқ!** | Hechqisi yo'q! |
| por favor | **марҳамат қилиб** | marhamat qilib |
| | | |
| Não se esqueça! | **Унутманг!** | Unutmang! |
| Com certeza! | **Албатта!** | Albatta! |
| Claro que não! | **Албатта, йўқ!** | Albatta, yo'q! |
| Está bem! De acordo! | **Розиман!** | Roziman! |
| Chega! | **Бас!** | Bas! |

## 3. Números cardinais. Parte 1

| zero | нол | nol |
| um | бир | bir |
| dois | икки | ikki |
| três | уч | uch |
| quatro | тўрт | to'rt |
| | | |
| cinco | беш | besh |
| seis | олти | olti |
| sete | етти | etti |
| oito | саккиз | sakkiz |
| nove | тўққиз | to'qqiz |
| | | |
| dez | ўн | o'n |
| onze | ўн бир | o'n bir |
| doze | ўн икки | o'n ikki |
| treze | ўн уч | o'n uch |
| catorze | ўн тўрт | o'n to'rt |
| | | |
| quinze | ўн беш | o'n besh |
| dezesseis | ўн олти | o'n olti |
| dezessete | ўн етти | o'n etti |
| dezoito | ўн саккиз | o'n sakkiz |
| dezenove | ўн тўққиз | o'n to'qqiz |
| | | |
| vinte | йигирма | yigirma |
| vinte e um | йигирма бир | yigirma bir |
| vinte e dois | йигирма икки | yigirma ikki |
| vinte e três | йигирма уч | yigirma uch |
| | | |
| trinta | ўттиз | o'ttiz |
| trinta e um | ўттиз бир | o'ttiz bir |
| trinta e dois | ўттиз икки | o'ttiz ikki |
| trinta e três | ўттиз уч | o'ttiz uch |
| | | |
| quarenta | қирқ | qirq |
| quarenta e um | қирқ бир | qirq bir |
| quarenta e dois | қирқ икки | qirq ikki |
| quarenta e três | қирқ уч | qirq uch |
| cinquenta | еллик | ellik |
| cinquenta e um | еллик бир | ellik bir |

| cinquenta e dois | еллик икки | ellik ikki |
| cinquenta e três | еллик уч | ellik uch |

| sessenta | олтмиш | oltmish |
| sessenta e um | олтмиш бир | oltmish bir |
| sessenta e dois | олтмиш икки | oltmish ikki |
| sessenta e três | олтмиш уч | oltmish uch |

| setenta | етмиш | etmish |
| setenta e um | етмиш бир | etmish bir |
| setenta e dois | етмиш икки | etmish ikki |
| setenta e três | етмиш уч | etmish uch |

| oitenta | саксон | sakson |
| oitenta e um | саксон бир | sakson bir |
| oitenta e dois | саксон икки | sakson ikki |
| oitenta e três | саксон уч | sakson uch |

| noventa | тўқсон | to'qson |
| noventa e um | тўқсон бир | to'qson bir |
| noventa e dois | тўқсон икки | to'qson ikki |
| noventa e três | тўқсон уч | to'qson uch |

## 4. Números cardinais. Parte 2

| cem | юз | yuz |
| duzentos | икки юз | ikki yuz |
| trezentos | уч юз | uch yuz |
| quatrocentos | тўрт юз | to'rt yuz |
| quinhentos | беш юз | besh yuz |

| seiscentos | олти юз | olti yuz |
| setecentos | етти юз | etti yuz |
| oitocentos | саккиз юз | sakkiz yuz |
| novecentos | тўққиз юз | to'qqiz yuz |

| mil | минг | ming |
| dois mil | икки минг | ikki ming |
| três mil | уч минг | uch ming |
| dez mil | ўн минг | o'n ming |
| cem mil | юз минг | yuz ming |
| um milhão | миллион | million |
| um bilhão | миллиард | milliard |

## 5. Números. Frações

| fração (f) | каср | kasr |
| um meio | иккидан бир | ikkidan bir |
| um terço | учдан бир | uchdan bir |
| um quarto | тўртдан бир | to'rtdan bir |
| um oitavo | саккиздан бир | sakkizdan bir |
| um décimo | ўндан бир | o'ndan bir |

| dois terços | учдан икки | uchdan ikki |
| três quartos | тўртдан уч | to'rtdan uch |

## 6. Números. Operações básicas

| subtração (f) | айириш | ayirish |
| subtrair (vi, vt) | айирмоқ | ayirmoq |
| divisão (f) | бўлиш | bo'lish |
| dividir (vt) | бўлмоқ | bo'lmoq |
| adição (f) | қўшиш | qo'shish |
| somar (vt) | қўшмоқ | qo'shmoq |
| adicionar (vt) | яна қўшмоқ | yana qo'shmoq |
| multiplicação (f) | кўпайтириш | ko'paytirish |
| multiplicar (vt) | кўпайтирмоқ | ko'paytirmoq |

## 7. Números. Diversos

| algarismo, dígito (m) | рақам | raqam |
| número (m) | сон | son |
| numeral (m) | саноқ сон | sanoq son |
| menos (m) | минус | minus |
| mais (m) | плюс | plyus |
| fórmula (f) | формула | formula |
| cálculo (m) | ҳисоблаш | hisoblash |
| contar (vt) | санамоқ | sanamoq |
| calcular (vt) | ҳисобламоқ | hisoblamoq |
| comparar (vt) | солиштирмоқ | solishtirmoq |
| Quanto? | Қанча? | Qancha? |
| Quantos? -as? | Нечта? | Nechta? |
| soma (f) | сумма | summa |
| resultado (m) | натижа | natija |
| resto (m) | қолдиқ | qoldiq |
| alguns, algumas … | бир нечта | bir nechta |
| pouco (~ tempo) | бир оз | biroz |
| resto (m) | қолгани | qolgani |
| um e meio | бир ярим | bir yarim |
| dúzia (f) | ўн иккита | o'n ikkita |
| ao meio | иккига бўлиб | ikkiga bo'lib |
| em partes iguais | тенг-баравар | teng-baravar |
| metade (f) | ярим | yarim |
| vez (f) | марта | marta |

## 8. Os verbos mais importantes. Parte 1

| abrir (vt) | очмоқ | ochmoq |
| acabar, terminar (vt) | тугатмоқ | tugatmoq |

| | | |
|---|---|---|
| aconselhar (vt) | маслаҳат бермоқ | maslahat bermoq |
| adivinhar (vt) | топмоқ | topmoq |
| advertir (vt) | огоҳлантирмоқ | ogohlantirmoq |
| ajudar (vt) | ёрдамлашмоқ | yordamlashmoq |
| almoçar (vi) | тушлик қилмоқ | tushlik qilmoq |
| alugar (~ um apartamento) | ижарага олмоқ | ijaraga olmoq |
| amar (pessoa) | севмоқ | sevmoq |
| ameaçar (vt) | пўписа қилмоқ | po'pisa qilmoq |
| anotar (escrever) | ёзиб олмоқ | yozib olmoq |
| apressar-se (vr) | шошилмоқ | shoshilmoq |
| arrepender-se (vr) | афсусланмоқ | afsuslanmoq |
| assinar (vt) | имзоламоқ | imzolamoq |
| brincar (vi) | ҳазиллашмоқ | hazillashmoq |
| brincar, jogar (vi, vt) | ўйнамоқ | o'ynamoq |
| buscar (vt) | ... изламоқ | ... izlamoq |
| caçar (vi) | ов қилмоқ | ov qilmoq |
| cair (vi) | йиқилмоқ | yiqilmoq |
| cavar (vt) | қазимоқ | qazimoq |
| chamar (~ por socorro) | чақирмоқ | chaqirmoq |
| chegar (vi) | етиб келмоқ | etib kelmoq |
| chorar (vi) | йиғламоқ | yig'lamoq |
| começar (vt) | бошламоқ | boshlamoq |
| comparar (vt) | солиштирмоқ | solishtirmoq |
| concordar (dizer "sim") | рози бўлмоқ | rozi bo'lmoq |
| confiar (vt) | ишонмоқ | ishonmoq |
| confundir (equivocar-se) | адаштирмоқ | adashtirmoq |
| conhecer (vt) | танимоқ | tanimoq |
| contar (fazer contas) | ҳисобламоқ | hisoblamoq |
| contar com ... | ... га умид қилмоқ | ... ga umid qilmoq |
| continuar (vt) | давом еттирмоқ | davom ettirmoq |
| controlar (vt) | назорат қилмоқ | nazorat qilmoq |
| convidar (vt) | таклиф қилмоқ | taklif qilmoq |
| correr (vi) | югурмоқ | yugurmoq |
| criar (vt) | яратмоқ | yaratmoq |
| custar (vt) | арзимоқ | arzimoq |

## 9. Os verbos mais importantes. Parte 2

| | | |
|---|---|---|
| dar (vt) | бермоқ | bermoq |
| dar uma dica | ишора қилмоқ | ishora qilmoq |
| decorar (enfeitar) | безамоқ | bezamoq |
| defender (vt) | ҳимоя қилмоқ | himoya qilmoq |
| deixar cair (vt) | туширмоқ | tushirmoq |
| descer (para baixo) | тушмоқ | tushmoq |
| desculpar (vt) | кечирмоқ | kechirmoq |
| desculpar-se (vr) | кечирим сўрамоқ | kechirim so'ramoq |
| dirigir (~ uma empresa) | бошқармоқ | boshqarmoq |

| | | |
|---|---|---|
| discutir (notícias, etc.) | муҳокама қилмоқ | muhokama qilmoq |
| disparar, atirar (vi) | отмоқ | otmoq |
| dizer (vt) | айтмоқ | aytmoq |
| duvidar (vt) | иккиланмоқ | ikkilanmoq |
| encontrar (achar) | топмоқ | topmoq |
| enganar (vt) | алдамоқ | aldamoq |
| | | |
| entender (vt) | тушунмоқ | tushunmoq |
| entrar (na sala, etc.) | кирмоқ | kirmoq |
| enviar (uma carta) | жўнатмоқ | jo'natmoq |
| errar (enganar-se) | адашмоқ | adashmoq |
| escolher (vt) | танламоқ | tanlamoq |
| | | |
| esconder (vt) | беркитмоқ | berkitmoq |
| escrever (vt) | ёзмоқ | yozmoq |
| esperar (aguardar) | кутмоқ | kutmoq |
| esperar (ter esperança) | умид қилмоқ | umid qilmoq |
| esquecer (vt) | унутмоқ | unutmoq |
| | | |
| estudar (vt) | ўрганмоқ | o'rganmoq |
| exigir (vt) | талаб қилмоқ | talab qilmoq |
| existir (vi) | мавжуд бўлмоқ | mavjud bo'lmoq |
| explicar (vt) | тушунтирмоқ | tushuntirmoq |
| | | |
| falar (vi) | гапирмоқ | gapirmoq |
| faltar (a la escuela, etc.) | қолдирмоқ | qoldirmoq |
| fazer (vt) | қилмоқ | qilmoq |
| ficar em silêncio | индамай турмоқ | indamay turmoq |
| gabar-se (vr) | мақтанмоқ | maqtanmoq |
| | | |
| gostar (apreciar) | ёқмоқ | yoqmoq |
| gritar (vi) | бақирмоқ | baqirmoq |
| guardar (fotos, etc.) | сақламоқ | saqlamoq |
| informar (vt) | хабардор қилмоқ | xabardor qilmoq |
| insistir (vi) | талаб қилмоқ | talab qilmoq |
| | | |
| insultar (vt) | ҳақоратламоқ | haqoratlamoq |
| interessar-se (vr) | қизиқмоқ | qiziqmoq |
| ir (a pé) | юрмоқ | yurmoq |
| ir nadar | чўмилмоқ | cho'milmoq |
| jantar (vi) | кечки овқатни емоқ | kechki ovqatni emoq |

## 10. Os verbos mais importantes. Parte 3

| | | |
|---|---|---|
| ler (vt) | ўқимоқ | o'qimoq |
| libertar, liberar (vt) | халос қилмоқ | xalos qilmoq |
| matar (vt) | ўлдирмоқ | o'ldirmoq |
| mencionar (vt) | эслатиб ўтмоқ | eslatib o'tmoq |
| mostrar (vt) | кўрсатмоқ | ko'rsatmoq |
| | | |
| mudar (modificar) | ўзгартирмоқ | o'zgartirmoq |
| nadar (vi) | сузмоқ | suzmoq |
| negar-se a ... (vr) | рад қилмоқ | rad qilmoq |
| objetar (vt) | эътироз билдирмоқ | e'tiroz bildirmoq |

| observar (vt) | кузатмоқ | kuzatmoq |
| ordenar (mil.) | буюрмоқ | buyurmoq |
| ouvir (vt) | ешитмоқ | eshitmoq |
| pagar (vt) | тўламоқ | to'lamoq |
| parar (vi) | тўхтамоқ | to'xtamoq |
| parar, cessar (vt) | тўхтатмоқ | to'xtatmoq |
| participar (vi) | иштирок етмоқ | ishtirok etmoq |
| pedir (comida, etc.) | буюртма бермоқ | buyurtma bermoq |
| pedir (um favor, etc.) | сўрамоқ | so'ramoq |
| pegar (tomar) | олмоқ | olmoq |
| pegar (uma bola) | тутмоқ | tutmoq |
| pensar (vi, vt) | ўйламоқ | o'ylamoq |
| perceber (ver) | кўриб қолмоқ | ko'rib qolmoq |
| perdoar (vt) | кечирмоқ | kechirmoq |
| perguntar (vt) | сўрамоқ | so'ramoq |
| permitir (vt) | рухсат бермоқ | ruxsat bermoq |
| pertencer a ... (vi) | тегишли бўлмоқ | tegishli bo'lmoq |
| planejar (vt) | режаламоқ | rejalamoq |
| poder (~ fazer algo) | уддаламоқ | uddalamoq |
| possuir (uma casa, etc.) | эга бўлмоқ | ega bo'lmoq |
| preferir (vt) | афзал кўрмоқ | afzal ko'rmoq |
| preparar (vt) | тайёрламоқ | tayyorlamoq |
| prever (vt) | олдиндан кўрмоқ | oldindan ko'rmoq |
| prometer (vt) | ваъда бермоқ | va'da bermoq |
| pronunciar (vt) | айтмоқ | aytmoq |
| propor (vt) | таклиф қилмоқ | taklif qilmoq |
| punir (castigar) | жазоламоқ | jazolamoq |
| quebrar (vt) | синдирмоқ | sindirmoq |
| queixar-se de ... | шикоят қилмоқ | shikoyat qilmoq |
| querer (desejar) | истамоқ | istamoq |

## 11. Os verbos mais importantes. Parte 4

| ralhar, repreender (vt) | койимоқ | koyimoq |
| recomendar (vt) | тавсия қилмоқ | tavsiya qilmoq |
| repetir (dizer outra vez) | қайтармоқ | qaytarmoq |
| reservar (~ um quarto) | захира қилиб қўймоқ | zaxira qilib qo'ymoq |
| responder (vt) | жавоб бермоқ | javob bermoq |
| rezar, orar (vi) | ибодат қилмоқ | ibodat qilmoq |
| rir (vi) | кулмоқ | kulmoq |
| roubar (vt) | ўғирламоқ | o'g'irlamoq |
| saber (vt) | билмоқ | bilmoq |
| sair (~ de casa) | чиқмоқ | chiqmoq |
| salvar (resgatar) | қутқармоқ | qutqarmoq |
| seguir (~ alguém) | ... орқасидан бормоқ | ... orqasidan bormoq |
| sentar-se (vr) | ўтирмоқ | o'tirmoq |
| ser necessário | керак бўлмоқ | kerak bo'lmoq |

| | | |
|---|---|---|
| ser, estar | бўлмоқ | bo'lmoq |
| significar (vt) | билдирмоқ | bildirmoq |
| sorrir (vi) | жилмаймоқ | jilmaymoq |
| subestimar (vt) | кам баҳо бермоқ | kam baho bermoq |
| surpreender-se (vr) | ҳайрон қолмоқ | hayron qolmoq |
| | | |
| tentar (~ fazer) | уриниб кўрмоқ | urinib ko'rmoq |
| ter (vt) | эга бўлмоқ | ega bo'lmoq |
| ter fome | ейишни истамоқ | eyishni istamoq |
| | | |
| ter medo | қўрқмоқ | qo'rqmoq |
| ter sede | чанқамоқ | chanqamoq |
| tocar (com as mãos) | тегмоқ | tegmoq |
| tomar café da manhã | нонушта қилмоқ | nonushta qilmoq |
| trabalhar (vi) | ишламоқ | ishlamoq |
| traduzir (vt) | таржима қилмоқ | tarjima qilmoq |
| | | |
| unir (vt) | бирлаштирмоқ | birlashtirmoq |
| vender (vt) | сотмоқ | sotmoq |
| ver (vt) | кўрмоқ | ko'rmoq |
| virar (~ para a direita) | бурмоқ | burmoq |
| voar (vi) | учмоқ | uchmoq |

## 12. Cores

| | | |
|---|---|---|
| cor (f) | ранг | rang |
| tom (m) | рангдаги нозик фарқ | rangdagi nozik farq |
| tonalidade (m) | тус | tus |
| arco-íris (m) | камалак | kamalak |
| | | |
| branco (adj) | оқ | oq |
| preto (adj) | қора | qora |
| cinza (adj) | кул ранг | kul rang |
| | | |
| verde (adj) | яшил | yashil |
| amarelo (adj) | сариқ | sariq |
| vermelho (adj) | қизил | qizil |
| | | |
| azul (adj) | кўк | ko'k |
| azul claro (adj) | ҳаво ранг | havo rang |
| rosa (adj) | пушти | pushti |
| laranja (adj) | тўқ сариқ | to'q sariq |
| violeta (adj) | бинафша ранг | binafsha rang |
| marrom (adj) | жигар ранг | jigar rang |
| | | |
| dourado (adj) | олтин ранг | oltin rang |
| prateado (adj) | кумуш ранг | kumush rang |
| | | |
| bege (adj) | оч жигар ранг | och jigar rang |
| creme (adj) | оч сариқ ранг | och sariq rang |
| turquesa (adj) | феруза ранг | feruza rang |
| vermelho cereja (adj) | олча ранг | olcha rang |
| lilás (adj) | нафармон | nafarmon |
| carmim (adj) | тўқ қизил ранг | to'q qizil rang |

| claro (adj) | оч | och |
| escuro (adj) | тўқ | to'q |
| vivo (adj) | ёрқин | yorqin |

| de cor | рангли | rangli |
| a cores | рангли | rangli |
| preto e branco (adj) | оқ-қора | oq-qora |
| unicolor (de uma só cor) | бир рангдаги | bir rangdagi |
| multicolor (adj) | ранг-баранг | rang-barang |

## 13. Questões

| Quem? | Ким? | Kim? |
| O que? | Нима? | Nima? |
| Onde? | Қаерда? | Qaerda? |
| Para onde? | Қаерга? | Qaerga? |
| De onde? | Қаердан? | Qaerdan? |
| Quando? | Қачон? | Qachon? |
| Para quê? | Нега? | Nega? |
| Por quê? | Нима сабабдан? | Nima sababdan? |

| Para quê? | Нима учун? | Nima uchun? |
| Como? | Қандай? | Qanday? |
| Qual (~ é o problema?) | Қанақа? | Qanaqa? |
| Qual (~ deles?) | Қайси? | Qaysi? |

| A quem? | Кимга? | Kimga? |
| De quem? | Ким ҳақида? | Kim haqida? |
| Do quê? | Нима ҳақида? | Nima haqida? |
| Com quem? | Ким билан? | Kim bilan? |

| Quantos? -as? | Нечта? | Nechta? |
| Quanto? | Қанча? | Qancha? |
| De quem? (masc.) | Кимники? | Kimniki? |

## 14. Palavras funcionais. Advérbios. Parte 1

| Onde? | Қаерда? | Qaerda? |
| aqui | шу ерда | shu erda |
| lá, ali | у ерда | u erda |

| em algum lugar | қаердадир | qaerdadir |
| em lugar nenhum | ҳеч қаерда | hech qaerda |

| perto de ... | ... ёнида | ... yonida |
| perto da janela | дераза ёнида | deraza yonida |

| Para onde? | Қаерга? | Qaerga? |
| aqui | бу ерга | bu erga |
| para lá | у ерга | u erga |
| daqui | бу ердан | bu erdan |
| de lá, dali | у ердан | u erdan |

| perto | яқин | yaqin |
| longe | узоқ | uzoq |

| perto de … | ёнида, яқинида | yonida, yaqinida |
| à mão, perto | ёнма-ён | yonma-yon |
| não fica longe | узоқ емас | uzoq emas |

| esquerdo (adj) | чап | chap |
| à esquerda | чапдан | chapdan |
| para a esquerda | чапга | chapga |

| direito (adj) | ўнг | o'ng |
| à direita | ўнгда | o'ngda |
| para a direita | ўнгга | o'ngga |

| em frente | олдида | oldida |
| da frente | олдинги | oldingi |
| adiante (para a frente) | олдинга | oldinga |

| atrás de … | орқада | orqada |
| de trás | орқадан | orqadan |
| para trás | орқага | orqaga |

| meio (m), metade (f) | ўрта | o'rta |
| no meio | ўртада | o'rtada |

| do lado | ёнида | yonida |
| em todo lugar | ҳар ерда | har erda |
| por todos os lados | атрофда | atrofda |

| de dentro | ичида | ichida |
| para algum lugar | қаергадир | qaergadir |
| diretamente | тўғри йўлдан | to'g'ri yo'ldan |
| de volta | қарама-қарши томонга | qarama-qarshi tomonga |

| de algum lugar | бирор жойдан | biror joydan |
| de algum lugar | қаердандир | qaerdandir |

| em primeiro lugar | биринчидан | birinchidan |
| em segundo lugar | иккинчидан | ikkinchidan |
| em terceiro lugar | учинчидан | uchinchidan |

| de repente | тўсатдан | to'satdan |
| no início | дастлаб | dastlab |
| pela primeira vez | илк бор | ilk bor |
| muito antes de … | анча олдин | ancha oldin |
| de novo | янгидан | yangidan |
| para sempre | бутунлай | butunlay |

| nunca | ҳеч қачон | hech qachon |
| de novo | яна | yana |
| agora | ҳозир | hozir |
| frequentemente | тез-тез | tez-tez |
| então | ўшанда | o'shanda |
| urgentemente | тезда | tezda |
| normalmente | одатда | odatda |

| a propósito, ... | айтганча, ... | aytgancha, ... |
| é possível | бўлиши мумкин | bo'lishi mumkin |
| provavelmente | эҳтимол | ehtimol |
| talvez | бўлиши мумкин | bo'lishi mumkin |
| além disso, ... | ундан ташқари, ... | undan tashqari, ... |
| por isso ... | шунинг учун | shuning uchun |
| apesar de ... | ... га қарамай | ... ga qaramay |
| graças a ... | ... туфайли | ... tufayli |

| que (pron.) | нима | nima |
| que (conj.) | ... ки | ... ki |
| algo | қандайдир | qandaydir |
| alguma coisa | бирор нарса | biror narsa |
| nada | ҳеч нарса | hech narsa |

| quem | ким | kim |
| alguém (~ que ...) | кимдир | kimdir |
| alguém (com ~) | бирортаси | birortasi |

| ninguém | ҳеч ким | hech kim |
| para lugar nenhum | ҳеч қаерга | hech qaerga |
| de ninguém | эгасиз | egasiz |
| de alguém | бирор кимсаники | biror kimsaniki |

| tão | шундай | shunday |
| também (gostaria ~ de ...) | ҳамда | hamda |
| também (~ eu) | ҳам | ham |

## 15. Palavras funcionais. Advérbios. Parte 2

| Por quê? | Нимага? | Nimaga? |
| por alguma razão | нимагадир | nimagadir |
| porque ... | чунки ... | chunki ... |
| por qualquer razão | негадир | negadir |

| e (tu ~ eu) | ва | va |
| ou (ser ~ não ser) | ёки | yoki |
| mas (porém) | лекин | lekin |
| para (~ a minha mãe) | учун | uchun |

| muito, demais | жуда ҳам | juda ham |
| só, somente | фақат | faqat |
| exatamente | аниқ | aniq |
| cerca de (~ 10 kg) | тақрибан | taqriban |

| aproximadamente | тахминан | taxminan |
| aproximado (adj) | тахминий | taxminiy |
| quase | деярли | deyarli |
| resto (m) | қолгани | qolgani |

| o outro (segundo) | нариги | narigi |
| outro (adj) | бошқа | boshqa |
| cada (adj) | ҳар бир | har bir |
| qualquer (adj) | ҳар қандай | har qanday |

| muito, muitos, muitas | кўп | ko'p |
| muitas pessoas | кўпчилик | ko'pchilik |
| todos | барча | barcha |

| em troca de … | … ўрнига | … o'rniga |
| em troca | евазига | evaziga |
| à mão | қўл билан | qo'l bilan |
| pouco provável | эҳтимолдан узоқ | ehtimoldan uzoq |

| provavelmente | эҳтимол | ehtimol |
| de propósito | атайин | atayin |
| por acidente | тасодифан | tasodifan |

| muito | жуда | juda |
| por exemplo | масалан | masalan |
| entre | ўртасида | o'rtasida |
| entre (no meio de) | ичида | ichida |
| tanto | шунча | shuncha |
| especialmente | айниқса | ayniqsa |

# Conceitos básicos. Parte 2

## 16. Opostos

| | | |
|---|---|---|
| rico (adj) | бой | boy |
| pobre (adj) | камбағал | kambag'al |
| | | |
| doente (adj) | касал | kasal |
| bem (adj) | соғлом | sog'lom |
| | | |
| grande (adj) | катта | katta |
| pequeno (adj) | кичкина | kichkina |
| | | |
| rapidamente | тез | tez |
| lentamente | секин | sekin |
| | | |
| rápido (adj) | тез | tez |
| lento (adj) | секин | sekin |
| | | |
| alegre (adj) | қувноқ | quvnoq |
| triste (adj) | маъюс | ma'yus |
| | | |
| juntos (ir ~) | бирга | birga |
| separadamente | алоҳида | alohida |
| | | |
| em voz alta (ler ~) | овоз чиқариб | ovoz chiqarib |
| para si (em silêncio) | ичида | ichida |
| | | |
| alto (adj) | баланд | baland |
| baixo (adj) | паст | past |
| | | |
| profundo (adj) | чуқур | chuqur |
| raso (adj) | саёз | sayoz |
| | | |
| sim | ҳа | ha |
| não | йўқ | yo'q |
| | | |
| distante (adj) | узоқ | uzoq |
| próximo (adj) | яқин | yaqin |
| | | |
| longe | узоқ | uzoq |
| à mão, perto | яқинда | yaqinda |
| | | |
| longo (adj) | узун | uzun |
| curto (adj) | қисқа | qisqa |
| | | |
| bom (bondoso) | меҳрибон | mehribon |
| mal (adj) | ёвуз | yovuz |
| | | |
| casado (adj) | уйланган | uylangan |

| | | |
|---|---|---|
| solteiro (adj) | бўйдоқ | bo'ydoq |
| proibir (vt) | тақиқламоқ | taqiqlamoq |
| permitir (vt) | рухсат бермоқ | ruxsat bermoq |
| fim (m) | тамом | tamom |
| início (m) | бошланиши | boshlanishi |
| esquerdo (adj) | чап | chap |
| direito (adj) | ўнг | o'ng |
| primeiro (adj) | биринчи | birinchi |
| último (adj) | охирги | oxirgi |
| crime (m) | жиноят | jinoyat |
| castigo (m) | жазо | jazo |
| ordenar (vt) | буюрмоқ | buyurmoq |
| obedecer (vt) | бўйсинмоқ | bo'ysinmoq |
| reto (adj) | тўғри | to'g'ri |
| curvo (adj) | егри | egri |
| paraíso (m) | жаннат | jannat |
| inferno (m) | дўзах | do'zax |
| nascer (vi) | туғилмоқ | tug'ilmoq |
| morrer (vi) | ўлмоқ | o'lmoq |
| forte (adj) | кучли | kuchli |
| fraco, débil (adj) | заиф | zaif |
| velho, idoso (adj) | кекса | keksa |
| jovem (adj) | ёш | yosh |
| velho (adj) | ески | eski |
| novo (adj) | янги | yangi |
| duro (adj) | қаттиқ | qattiq |
| macio (adj) | юмшоқ | yumshoq |
| quente (adj) | илиқ | iliq |
| frio (adj) | совуқ | sovuq |
| gordo (adj) | семиз | semiz |
| magro (adj) | ориқ | oriq |
| estreito (adj) | тор | tor |
| largo (adj) | кенг | keng |
| bom (adj) | яхши | yaxshi |
| mau (adj) | ёмон | yomon |
| valente, corajoso (adj) | ботир | botir |
| covarde (adj) | қўрқоқ | qo'rqoq |

## 17. Dias da semana

| | | |
|---|---|---|
| segunda-feira (f) | душанба | dushanba |
| terça-feira (f) | сешанба | seshanba |
| quarta-feira (f) | чоршанба | chorshanba |
| quinta-feira (f) | пайшанба | payshanba |
| sexta-feira (f) | жума | juma |
| sábado (m) | шанба | shanba |
| domingo (m) | якшанба | yakshanba |
| | | |
| hoje | бугун | bugun |
| amanhã | ертага | ertaga |
| depois de amanhã | индинга | indinga |
| ontem | кеча | kecha |
| anteontem | ўтган куни | o'tgan kuni |
| | | |
| dia (m) | кун | kun |
| dia (m) de trabalho | иш куни | ish kuni |
| feriado (m) | байрам куни | bayram kuni |
| dia (m) de folga | дам олиш куни | dam olish kuni |
| fim (m) de semana | дам олиш кунлари | dam olish kunlari |
| | | |
| o dia todo | кун бўйи | kun bo'yi |
| no dia seguinte | ертаси куни | ertasi kuni |
| há dois dias | икки кун аввал | ikki kun avval |
| na véspera | арафасида | arafasida |
| diário (adj) | ҳар кунги | har kungi |
| todos os dias | ҳар куни | har kuni |
| | | |
| semana (f) | ҳафта | hafta |
| na semana passada | ўтган ҳафта | o'tgan hafta |
| semana que vem | келгуси ҳафтада | kelgusi haftada |
| semanal (adj) | ҳафталик | haftalik |
| toda semana | ҳар ҳафта | har hafta |
| duas vezes por semana | ҳафтасига икки марта | haftasiga ikki marta |
| toda terça-feira | ҳар сешанба | har seshanba |

## 18. Horas. Dia e noite

| | | |
|---|---|---|
| manhã (f) | тонг | tong |
| de manhã | эрталаб | ertalab |
| meio-dia (m) | чошгоҳ | choshgoh |
| à tarde | тушликдан сўнг | tushlikdan so'ng |
| | | |
| tardinha (f) | оқшом | oqshom |
| à tardinha | кечқурун | kechqurun |
| noite (f) | тун | tun |
| à noite | тунда | tunda |
| meia-noite (f) | ярим тун | yarim tun |
| | | |
| segundo (m) | сония | soniya |
| minuto (m) | дақиқа | daqiqa |
| hora (f) | соат | soat |

| | | |
|---|---|---|
| meia hora (f) | ярим соат | yarim soat |
| quarto (m) de hora | чорак соат | chorak soat |
| quinze minutos | ўн беш дақиқа | o'n besh daqiqa |
| vinte e quatro horas | сутка | sutka |
| | | |
| nascer (m) do sol | қуёш чиқиши | quyosh chiqishi |
| amanhecer (m) | тонг отиши | tong otishi |
| madrugada (f) | ерта тонг | erta tong |
| pôr-do-sol (m) | кун ботиши | kun botishi |
| | | |
| de madrugada | ерталаб | ertalab |
| esta manhã | бугун ерталаб | bugun ertalab |
| amanhã de manhã | ертага тонгда | ertaga tongda |
| | | |
| esta tarde | бугун кундузи | bugun kunduzi |
| à tarde | тушликдан сўнг | tushlikdan so'ng |
| amanhã à tarde | ертага тушликдан сўнг | ertaga tushlikdan so'ng |
| | | |
| esta noite, hoje à noite | бугун кечқурун | bugun kechqurun |
| amanhã à noite | ертага кечқурун | ertaga kechqurun |
| | | |
| às três horas em ponto | роппа-роса соат учда | roppa-rosa soat uchda |
| por volta das quatro | соат тўртлар атрофида | soat to'rtlar atrofida |
| às doze | соат ўн иккиларга | soat o'n ikkilarga |
| | | |
| em vinte minutos | йигирма дақиқадан кейин | yigirma daqiqadan keyin |
| em uma hora | бир соатдан кейин | bir soatdan keyin |
| a tempo | вақтида | vaqtida |
| | | |
| ... um quarto para | чоракам | chorakam |
| dentro de uma hora | бир соат давомида | bir soat davomida |
| a cada quinze minutos | ҳар ў беш дақиқада | har o' besh daqiqada |
| as vinte e quatro horas | кечаю-кундуз | kechayu-kunduz |

## 19. Meses. Estações

| | | |
|---|---|---|
| janeiro (m) | январ | yanvar |
| fevereiro (m) | феврал | fevral |
| março (m) | март | mart |
| abril (m) | апрел | aprel |
| maio (m) | май | may |
| junho (m) | июн | iyun |
| | | |
| julho (m) | июл | iyul |
| agosto (m) | август | avgust |
| setembro (m) | сентябр | sentyabr |
| outubro (m) | октябр | oktyabr |
| novembro (m) | ноябр | noyabr |
| dezembro (m) | декабр | dekabr |
| | | |
| primavera (f) | баҳор | bahor |
| na primavera | баҳорда | bahorda |
| primaveril (adj) | баҳорги | bahorgi |
| verão (m) | ёз | yoz |

| no verão | ёзда | yozda |
| de verão | ёзги | yozgi |

| outono (m) | куз | kuz |
| no outono | кузгда | kuzgda |
| outonal (adj) | кузги | kuzgi |

| inverno (m) | қиш | qish |
| no inverno | қишда | qishda |
| de inverno | қишки | qishki |
| mês (m) | ой | oy |
| este mês | бу ой | bu oy |
| mês que vem | янаги ойда | yanagi oyda |
| no mês passado | ўтган ойда | o'tgan oyda |

| um mês atrás | бир ой аввал | bir oy avval |
| em um mês | бир ойдан кейин | bir oydan keyin |
| em dois meses | икки ойдан кейин | ikki oydan keyin |
| todo o mês | ой бўйи | oy bo'yi |
| um mês inteiro | бутун ой давомида | butun oy davomida |

| mensal (adj) | ойлик | oylik |
| mensalmente | ҳар ойда | har oyda |
| todo mês | ҳар ойда | har oyda |
| duas vezes por mês | ойига икки марта | oyiga ikki marta |

| ano (m) | йил | yil |
| este ano | шу йили | shu yili |
| ano que vem | кейинги йили | keyingi yili |
| no ano passado | ўтган йили | o'tgan yili |
| há um ano | бир йил аввал | bir yil avval |
| em um ano | бир йилдан кейин | bir yildan keyin |
| dentro de dois anos | икки йилдан кейин | ikki yildan keyin |
| todo o ano | йил бўйи | yil bo'yi |
| um ano inteiro | бутун йил давомида | butun yil davomida |

| cada ano | ҳар йили | har yili |
| anual (adj) | ҳар йилги | har yilgi |
| anualmente | ҳар йилда | har yilda |
| quatro vezes por ano | йилига тўрт марта | yiliga to'rt marta |

| data (~ de hoje) | ойнинг куни | oyning kuni |
| data (ex. ~ de nascimento) | сана | sana |
| calendário (m) | календар | kalendar |

| meio ano | ярим йил | yarim yil |
| seis meses | ярим йиллик | yarim yillik |
| estação (f) | мавсум | mavsum |
| século (m) | аср | asr |

## 20. Tempo. Diversos

| tempo (m) | вақт | vaqt |
| momento (m) | лаҳза | lahza |

| instante (m) | он | on |
| instantâneo (adj) | бир лаҳзали | bir lahzali |
| lapso (m) de tempo | вақтнинг бир қисми | vaqtning bir qismi |
| vida (f) | ҳаёт | hayot |
| eternidade (f) | мангулик | mangulik |
| | | |
| época (f) | давр | davr |
| era (f) | катта тарихий давр | katta tarixiy davr |
| ciclo (m) | сикл | sikl |
| período (m) | давр | davr |
| prazo (m) | муддат | muddat |
| | | |
| futuro (m) | келажак | kelajak |
| futuro (adj) | келгуси | kelgusi |
| da próxima vez | кейинги сафар | keyingi safar |
| passado (m) | ўтмиш | o'tmish |
| passado (adj) | ўтган | o'tgan |
| na última vez | ўтган сафар | o'tgan safar |
| mais tarde | кейинроқ | keyinroq |
| depois de ... | сўнг | so'ng |
| atualmente | ҳозир | hozir |
| agora | ҳозиргина | hozirgina |
| imediatamente | дарҳол | darhol |
| em breve | тезда | tezda |
| de antemão | олдиндан | oldindan |
| | | |
| há muito tempo | анча илгари | ancha ilgari |
| recentemente | яқиндагина | yaqindagina |
| destino (m) | тақдир | taqdir |
| recordações (f pl) | хотира | xotira |
| arquivo (m) | архив | arxiv |
| durante ... | ... вақтида | ... vaqtida |
| durante muito tempo | узоқ | uzoq |
| pouco tempo | узоқ емас | uzoq emas |
| cedo (levantar-se ~) | барвақт | barvaqt |
| tarde (deitar-se ~) | кеч | kech |
| | | |
| para sempre | абадий | abadiy |
| começar (vt) | бошламоқ | boshlamoq |
| adiar (vt) | кўчирмоқ | ko'chirmoq |
| | | |
| ao mesmo tempo | бир вақтда | bir vaqtda |
| permanentemente | доимо | doimo |
| constante (~ ruído, etc.) | доимий | doimiy |
| temporário (adj) | вақтинча | vaqtincha |
| | | |
| às vezes | баъзида | ba'zida |
| raras vezes, raramente | гоҳида | gohida |
| frequentemente | тез-тез | tez-tez |

## 21. Linhas e formas

| quadrado (m) | квадрат | kvadrat |
| quadrado (adj) | квадрат | kvadrat |

| | | |
|---|---|---|
| círculo (m) | доира | doira |
| redondo (adj) | думалоқ | dumaloq |
| triângulo (m) | учбурчак | uchburchak |
| triangular (adj) | учбурчакли | uchburchakli |
| | | |
| oval (f) | овал | oval |
| oval (adj) | овал | oval |
| retângulo (m) | тўғри тўртбурчак | to'g'ri to'rtburchak |
| retangular (adj) | тўғри тўртбурчакли | to'g'ri to'rtburchakli |
| | | |
| pirâmide (f) | пирамида | piramida |
| losango (m) | ромб | romb |
| trapézio (m) | трапеция | trapetsiya |
| cubo (m) | куб | kub |
| prisma (m) | призма | prizma |
| | | |
| circunferência (f) | айлана | aylana |
| esfera (f) | сфера | sfera |
| globo (m) | шар | shar |
| diâmetro (m) | диаметр | diametr |
| raio (m) | радиус | radius |
| perímetro (m) | периметр | perimetr |
| centro (m) | марказ | markaz |
| | | |
| horizontal (adj) | горизонтал | gorizontal |
| vertical (adj) | вертикал | vertikal |
| paralela (f) | параллел | parallel |
| paralelo (adj) | параллел | parallel |
| | | |
| linha (f) | чизиқ | chiziq |
| traço (m) | чизиқ | chiziq |
| reta (f) | тўғри чизиқ | to'g'ri chiziq |
| curva (f) | егри чизиқ | egri chiziq |
| fino (linha ~a) | ингичка | ingichka |
| contorno (m) | шакл | shakl |
| | | |
| interseção (f) | кесишиш | kesishish |
| ângulo (m) reto | тўғри бурчак | to'g'ri burchak |
| segmento (m) | сегмент | segment |
| setor (m) | сектор | sektor |
| lado (de um triângulo, etc.) | томон | tomon |
| ângulo (m) | бурчак | burchak |

## 22. Unidades de medida

| | | |
|---|---|---|
| peso (m) | вазн | vazn |
| comprimento (m) | узунлик | uzunlik |
| largura (f) | кенглик | kenglik |
| altura (f) | баландлик | balandlik |
| profundidade (f) | чуқурлик | chuqurlik |
| volume (m) | ҳажм | hajm |
| área (f) | майдон | maydon |
| grama (m) | грамм | gramm |
| miligrama (m) | миллиграмм | milligramm |

| | | |
|---|---|---|
| quilograma (m) | килограмм | kilogramm |
| tonelada (f) | тонна | tonna |
| libra (453,6 gramas) | фунт | funt |
| onça (f) | унция | untsiya |
| | | |
| metro (m) | метр | metr |
| milímetro (m) | миллиметр | millimetr |
| centímetro (m) | сантиметр | santimetr |
| quilômetro (m) | километр | kilometr |
| milha (f) | миля | milya |
| | | |
| polegada (f) | дюйм | dyuym |
| pé (304,74 mm) | фут | fut |
| jarda (914,383 mm) | ярд | yard |
| | | |
| metro (m) quadrado | квадрат метр | kvadrat metr |
| hectare (m) | гектар | gektar |
| | | |
| litro (m) | литр | litr |
| grau (m) | градус | gradus |
| volt (m) | волт | volt |
| ampère (m) | ампер | amper |
| cavalo (m) de potência | от кучи | ot kuchi |
| | | |
| quantidade (f) | миқдор | miqdor |
| um pouco de … | бироз … | biroz … |
| metade (f) | ярим | yarim |
| dúzia (f) | ўн иккита | o'n ikkita |
| peça (f) | дона | dona |
| | | |
| tamanho (m), dimensão (f) | ўлчам | o'lcham |
| escala (f) | масштаб | masshtab |
| | | |
| mínimo (adj) | минимал | minimal |
| menor, mais pequeno | енг кичик | eng kichik |
| médio (adj) | ўрта | o'rta |
| máximo (adj) | максимал | maksimal |
| maior, mais grande | енг катта | eng katta |

## 23. Recipientes

| | | |
|---|---|---|
| pote (m) de vidro | банка | banka |
| lata (~ de cerveja) | банка | banka |
| balde (m) | челак | chelak |
| barril (m) | бочка | bochka |
| | | |
| bacia (~ de plástico) | жом | jom |
| tanque (m) | бак | bak |
| cantil (m) de bolso | фляжка | flyajka |
| galão (m) de gasolina | канистра | kanistra |
| cisterna (f) | систерна | sisterna |
| | | |
| caneca (f) | кружка | krujka |
| xícara (f) | косача | kosacha |

| | | |
|---|---|---|
| pires (m) | ликопча | likopcha |
| copo (m) | стакан | stakan |
| taça (f) de vinho | қадаҳ | qadah |
| panela (f) | кастрюл | kastryul |
| | | |
| garrafa (f) | бутилка | butilka |
| gargalo (m) | бўғзи | bo'g'zi |
| | | |
| jarra (f) | графин | grafin |
| jarro (m) | кўза | ko'za |
| recipiente (m) | идиш | idish |
| pote (m) | хумча | xumcha |
| vaso (m) | ваза | vaza |
| | | |
| frasco (~ de perfume) | флакон | flakon |
| frasquinho (m) | шишача | shishacha |
| tubo (m) | тюбик | tyubik |
| | | |
| saco (ex. ~ de açúcar) | қоп | qop |
| sacola (~ plastica) | қоғоз халта | qog'oz xalta |
| maço (de cigarros, etc.) | қути | quti |
| | | |
| caixa (~ de sapatos, etc.) | қути | quti |
| caixote (~ de madeira) | яшик | yashik |
| cesto (m) | сават | savat |

## 24. Materiais

| | | |
|---|---|---|
| material (m) | материал | material |
| madeira (f) | ёғоч | yog'och |
| de madeira | тахта | taxta |
| | | |
| vidro (m) | шиша | shisha |
| de vidro | шиша | shisha |
| | | |
| pedra (f) | тош | tosh |
| de pedra | тош | tosh |
| | | |
| plástico (m) | пластмасса | plastmassa |
| plástico (adj) | пластмасса | plastmassa |
| | | |
| borracha (f) | резина | rezina |
| de borracha | резина | rezina |
| | | |
| tecido, pano (m) | мато | mato |
| de tecido | матодан | matodan |
| | | |
| papel (m) | қоғоз | qog'oz |
| de papel | қоғоз | qog'oz |
| | | |
| papelão (m) | картон | karton |
| de papelão | картон | karton |
| polietileno (m) | полиетилен | polietilen |
| celofane (m) | селлофан | sellofan |

| | | |
|---|---|---|
| linóleo (m) | линолеум | linoleum |
| madeira (f) compensada | фанера | fanera |
| | | |
| porcelana (f) | чинни | chinni |
| de porcelana | чинни | chinni |
| argila (f), barro (m) | лой | loy |
| de barro | лой | loy |
| cerâmica (f) | сопол | sopol |
| de cerâmica | сопол | sopol |

## 25. Metais

| | | |
|---|---|---|
| metal (m) | металл | metall |
| metálico (adj) | металл | metall |
| liga (f) | қотишма | qotishma |
| | | |
| ouro (m) | олтин | oltin |
| de ouro | олтин | oltin |
| prata (f) | кумуш | kumush |
| de prata | кумуш | kumush |
| | | |
| ferro (m) | темр | temr |
| de ferro | темир | temir |
| aço (m) | пўлат | po'lat |
| de aço (adj) | пўлат | po'lat |
| cobre (m) | мис | mis |
| de cobre | мис | mis |
| | | |
| alumínio (m) | алюминий | alyuminiy |
| de alumínio | алюминий | alyuminiy |
| bronze (m) | бронза | bronza |
| de bronze | бронза | bronza |
| | | |
| latão (m) | жез | jez |
| níquel (m) | никел | nikel |
| platina (f) | платина | platina |
| mercúrio (m) | симоб | simob |
| estanho (m) | қалайи | qalayi |
| chumbo (m) | қўрғошин | qo'rg'oshin |
| zinco (m) | рух | rux |

# O SER HUMANO

## O ser humano. O corpo

### 26. Humanos. Conceitos básicos

| | | |
|---|---|---|
| ser (m) humano | одам | odam |
| homem (m) | еркак | erkak |
| mulher (f) | аёл | ayol |
| criança (f) | бола | bola |
| | | |
| menina (f) | қиз бола | qiz bola |
| menino (m) | ўғил бола | o'g'il bola |
| adolescente (m) | ўспирин | o'spirin |
| velho (m) | чол | chol |
| velha (f) | кампир | kampir |

### 27. Anatomia humana

| | | |
|---|---|---|
| organismo (m) | организм | organizm |
| coração (m) | юрак | yurak |
| sangue (m) | қон | qon |
| artéria (f) | артерия | arteriya |
| veia (f) | вена | vena |
| | | |
| cérebro (m) | мия | miya |
| nervo (m) | нерв | nerv |
| nervos (m pl) | нервлар | nervlar |
| vértebra (f) | умуртқа суяги | umurtqa suyagi |
| coluna (f) vertebral | умуртқа | umurtqa |
| | | |
| estômago (m) | ошқозон | oshqozon |
| intestinos (m pl) | ичак-чавоқ | ichak-chavoq |
| intestino (m) | ичак | ichak |
| fígado (m) | жигар | jigar |
| rim (m) | буйрак | buyrak |
| | | |
| osso (m) | суяк | suyak |
| esqueleto (m) | скелет | skelet |
| costela (f) | қовурға | qovurg'a |
| crânio (m) | бош суяги | bosh suyagi |
| | | |
| músculo (m) | мушак | mushak |
| bíceps (m) | бицепс | bitseps |
| tríceps (m) | трицепс | tritseps |
| tendão (m) | пай | pay |
| articulação (f) | бўғим | bo'g'im |

| | | |
|---|---|---|
| pulmões (m pl) | ўпка | o'pka |
| órgãos (m pl) genitais | жинсий аъзолар | jinsiy a'zolar |
| pele (f) | тери | teri |

## 28. Cabeça

| | | |
|---|---|---|
| cabeça (f) | бош | bosh |
| rosto, cara (f) | юз | yuz |
| nariz (m) | бурун | burun |
| boca (f) | оғиз | og'iz |
| olho (m) | кўз | ko'z |
| olhos (m pl) | кўзлар | ko'zlar |
| pupila (f) | қорачиқ | qorachiq |
| sobrancelha (f) | қош | qosh |
| cílio (f) | киприк | kiprik |
| pálpebra (f) | кўз қовоғи | ko'z qovog'i |
| língua (f) | тил | til |
| dente (m) | тиш | tish |
| lábios (m pl) | лаблар | lablar |
| maçãs (f pl) do rosto | ёноқлар | yonoqlar |
| gengiva (f) | милк | milk |
| palato (m) | танглай | tanglay |
| narinas (f pl) | бурун тешиги | burun teshigi |
| queixo (m) | енгак | engak |
| mandíbula (f) | жағ | jag' |
| bochecha (f) | юз | yuz |
| testa (f) | пешона | peshona |
| têmpora (f) | чакка | chakka |
| orelha (f) | қулоқ | quloq |
| costas (f pl) da cabeça | гардан | gardan |
| pescoço (m) | бўйин | bo'yin |
| garganta (f) | томоқ | tomoq |
| cabelo (m) | сочлар | sochlar |
| penteado (m) | турмак | turmak |
| corte (m) de cabelo | кесиш | kesish |
| peruca (f) | ясама соч | yasama soch |
| bigode (m) | мўйлов | mo'ylov |
| barba (f) | соқол | soqol |
| ter (~ barba, etc.) | қўйиш | qo'yish |
| trança (f) | соч ўрими | soch o'rimi |
| suíças (f pl) | чекка соқол | chekka soqol |
| ruivo (adj) | малла | malla |
| grisalho (adj) | оқарган | oqargan |
| careca (adj) | кал | kal |
| calva (f) | сочи йўқ жой | sochi yo'q joy |
| rabo-de-cavalo (m) | дум | dum |
| franja (f) | пешонагажак | peshonagajak |

## 29. Corpo humano

| mão (f) | панжа | panja |
| braço (m) | қўл | qo'l |

| dedo (m) | бармоқ | barmoq |
| polegar (m) | катта бармоқ | katta barmoq |
| dedo (m) mindinho | жимжилоқ | jimjiloq |
| unha (f) | тирноқ | tirnoq |

| punho (m) | мушт | musht |
| palma (f) | кафт | kaft |
| pulso (m) | билак | bilak |
| antebraço (m) | билак | bilak |
| cotovelo (m) | тирсак | tirsak |
| ombro (m) | елка | elka |

| perna (f) | оёқ | oyoq |
| pé (m) | товон таги | tovon tagi |
| joelho (m) | тизза | tizza |
| panturrilha (f) | болдир | boldir |
| quadril (m) | сон | son |
| calcanhar (m) | товон | tovon |

| corpo (m) | тана | tana |
| barriga (f), ventre (m) | қорин | qorin |
| peito (m) | кўкрак | ko'krak |
| seio (m) | сийна, емчак | siyna, emchak |
| lado (m) | ёнбош | yonbosh |
| costas (dorso) | орқа | orqa |
| região (f) lombar | бел | bel |
| cintura (f) | бел | bel |

| umbigo (m) | киндик | kindik |
| nádegas (f pl) | думбалар | dumbalar |
| traseiro (m) | орқа | orqa |

| sinal (m), pinta (f) | хол | xol |
| sinal (m) de nascença | қашқа хол | qashqa xol |
| tatuagem (f) | татуировка | tatuirovka |
| cicatriz (f) | чандиқ | chandiq |

# Vestuário & Acessórios

## 30. Roupa exterior. Casacos

| | | |
|---|---|---|
| roupa (f) | кийим | kiyim |
| roupa (f) exterior | устки кийим | ustki kiyim |
| roupa (f) de inverno | қишки кийим | qishki kiyim |
| | | |
| sobretudo (m) | палто | palto |
| casaco (m) de pele | пўстин | po'stin |
| jaqueta (f) de pele | калта пўстин | kalta po'stin |
| casaco (m) acolchoado | пуховик | puxovik |
| | | |
| casaco (m), jaqueta (f) | куртка | kurtka |
| impermeável (m) | плашч | plashch |
| a prova d'água | сув ўтказмайдиган | suv o'tkazmaydigan |

## 31. Vestuário de homem & mulher

| | | |
|---|---|---|
| camisa (f) | кўйлак | ko'ylak |
| calça (f) | шим | shim |
| jeans (m) | жинси | jinsi |
| paletó, terno (m) | пиджак | pidjak |
| terno (m) | костюм | kostyum |
| | | |
| vestido (ex. ~ de noiva) | аёллар кўйлаги | ayollar ko'ylagi |
| saia (f) | юбка | yubka |
| blusa (f) | блузка | bluzka |
| casaco (m) de malha | жун кофта | jun kofta |
| casaco, blazer (m) | жакет | jaket |
| | | |
| camiseta (f) | футболка | futbolka |
| short (m) | шорти | shorti |
| training (m) | спорт костюми | sport kostyumi |
| roupão (m) de banho | халат | xalat |
| pijama (m) | пижама | pijama |
| | | |
| suéter (m) | свитер | sviter |
| pulôver (m) | пуловер | pulover |
| | | |
| colete (m) | жилет | jilet |
| fraque (m) | фрак | frak |
| smoking (m) | смокинг | smoking |
| | | |
| uniforme (m) | форма | forma |
| roupa (f) de trabalho | жомакор | jomakor |
| macacão (m) | комбинезон | kombinezon |
| jaleco (m), bata (f) | халат | xalat |

## 32. Vestuário. Roupa interior

| | | |
|---|---|---|
| roupa (f) íntima | ич кийим | ich kiyim |
| cueca boxer (f) | трусик | trusik |
| calcinha (f) | трусик | trusik |
| camiseta (f) | майка | mayka |
| meias (f pl) | пайпоқ | paypoq |
| | | |
| camisola (f) | тунги кўйлак | tungi ko'ylak |
| sutiã (m) | бюстгалтер | byustgalter |
| meias longas (f pl) | голфи | golfi |
| meias-calças (f pl) | колготки | kolgotki |
| meias (~ de nylon) | пайпоқ | paypoq |
| maiô (m) | купалник | kupalnik |

## 33. Adereços de cabeça

| | | |
|---|---|---|
| chapéu (m), touca (f) | қалпоқ | qalpoq |
| chapéu (m) de feltro | шляпа | shlyapa |
| boné (m) de beisebol | бейсболка | beysbolka |
| boina (~ italiana) | кепка | kepka |
| | | |
| boina (ex. ~ basca) | берет | beret |
| capuz (m) | капюшон | kapyushon |
| chapéu panamá (m) | панамка | panamka |
| touca (f) | тўқилган шапка | to'qilgan shapka |
| | | |
| lenço (m) | рўмол | ro'mol |
| chapéu (m) feminino | қалпоқча | qalpoqcha |
| | | |
| capacete (m) de proteção | каска | kaska |
| bibico (m) | пилотка | pilotka |
| capacete (m) | шлем | shlem |
| | | |
| chapéu-coco (m) | котелок | kotelok |
| cartola (f) | силиндр | silindr |

## 34. Calçado

| | | |
|---|---|---|
| calçado (m) | пояфзал | poyafzal |
| botinas (f pl), sapatos (m pl) | ботинка | botinka |
| sapatos (de salto alto, etc.) | туфли | tufli |
| botas (f pl) | етик | etik |
| pantufas (f pl) | шиппак | shippak |
| | | |
| tênis (~ Nike, etc.) | кроссовка | krossovka |
| tênis (~ Converse) | кеда | keda |
| sandálias (f pl) | сандал шиппак | sandal shippak |
| | | |
| sapateiro (m) | етикдўз | etikdo'z |
| salto (m) | пошна | poshna |

| par (m) | жуфт | juft |
| cadarço (m) | чизимча | chizimcha |
| amarrar os cadarços | боғлаш | bog'lash |
| calçadeira (f) | қошиқ | qoshiq |
| graxa (f) para calçado | пояфзал мойи | poyafzal moyi |

## 35. Têxtil. Tecidos

| algodão (m) | пахта | paxta |
| de algodão | пахтадан | paxtadan |
| linho (m) | зиғир | zig'ir |
| de linho | зиғирдан | zig'irdan |
| | | |
| seda (f) | ипак | ipak |
| de seda | ипак | ipak |
| lã (f) | жун | jun |
| de lã | жун | jun |
| | | |
| veludo (m) | бахмал | baxmal |
| camurça (f) | замш | zamsh |
| veludo (m) cotelê | чийдухоба | chiyduxoba |
| | | |
| nylon (m) | нейлон | neylon |
| de nylon | нейлондан | neylondan |
| poliéster (m) | полиестер | poliester |
| de poliéster | полиестердан | poliesterdan |
| | | |
| couro (m) | чарм | charm |
| de couro | чармдан | charmdan |
| pele (f) | мўйна | mo'yna |
| de pele | мўйнадан | mo'ynadan |

## 36. Acessórios pessoais

| luva (f) | қўлқоплар | qo'lqoplar |
| mitenes (f pl) | бошмалдоқли қўлқоплар | boshmaldoqli qo'lqoplar |
| cachecol (m) | бўйинбоғ | bo'yinbog' |
| | | |
| óculos (m pl) | кўзойнак | ko'zoynak |
| armação (f) | гардиш | gardish |
| guarda-chuva (m) | соябон | soyabon |
| bengala (f) | хасса | xassa |
| escova (f) para o cabelo | тароқ | taroq |
| leque (m) | елпиғич | elpig'ich |
| | | |
| gravata (f) | галстук | galstuk |
| gravata-borboleta (f) | галстук-бабочка | galstuk-babochka |
| suspensórios (m pl) | подтяжки | podtyajki |
| lenço (m) | дастрўмол | dastro'mol |
| | | |
| pente (m) | тароқ | taroq |
| fivela (f) para cabelo | соч тўғнағичи | soch to'g'nag'ichi |

| grampo (m) | шпилка | shpilka |
| fivela (f) | камар тўқаси | kamar to'qasi |

| cinto (m) | камар | kamar |
| alça (f) de ombro | тасма | tasma |

| bolsa (f) | сумка | sumka |
| bolsa (feminina) | сумкача | sumkacha |
| mochila (f) | рюкзак | ryukzak |

## 37. Vestuário. Diversos

| moda (f) | мода | moda |
| na moda (adj) | модали | modali |
| estilista (m) | моделер | modeler |

| colarinho (m) | ёқа | yoqa |
| bolso (m) | чўнтак | cho'ntak |
| de bolso | чўнтак | cho'ntak |
| manga (f) | енг | eng |
| ganchinho (m) | илгак | ilgak |
| bragueta (f) | йирмоч | yirmoch |

| zíper (m) | молния | molniya |
| colchete (m) | кийим илгаги | kiyim ilgagi |
| botão (m) | тугма | tugma |
| botoeira (casa de botão) | илгак | ilgak |
| soltar-se (vr) | узилмоқ | uzilmoq |

| costurar (vi) | тикиш | tikish |
| bordar (vt) | кашта тикиш | kashta tikish |
| bordado (m) | кашта | kashta |
| agulha (f) | игна | igna |
| fio, linha (f) | ип | ip |
| costura (f) | чок | chok |

| sujar-se (vr) | ифлосланмоқ | ifloslanmoq |
| mancha (f) | доғ | dog' |
| amarrotar-se (vr) | ғижимланиш | g'ijimlanish |
| rasgar (vt) | йиртмоқ | yirtmoq |
| traça (f) | куя | kuya |

## 38. Cuidados pessoais. Cosméticos

| pasta (f) de dente | тиш пастаси | tish pastasi |
| escova (f) de dente | тиш чўткаси | tish cho'tkasi |
| escovar os dentes | тиш тозаламоқ | tish tozalamoq |

| gilete (f) | устара | ustara |
| creme (m) de barbear | соқол олиш креми | soqol olish kremi |
| barbear-se (vr) | соқол олмоқ | soqol olmoq |
| sabonete (m) | совун | sovun |

| | | |
|---|---|---|
| xampu (m) | шампун | shampun |
| tesoura (f) | қайчи | qaychi |
| lixa (f) de unhas | тирноқ егови | tirnoq egovi |
| corta-unhas (m) | тирноқ омбири | tirnoq ombiri |
| pinça (f) | пинцет | pintset |
| | | |
| cosméticos (m pl) | косметика | kosmetika |
| máscara (f) | ниқоб | niqob |
| manicure (f) | маникюр | manikyur |
| fazer as unhas | маникюрлаш | manikyurlash |
| pedicure (f) | педикюр | pedikyur |
| | | |
| bolsa (f) de maquiagem | косметичка | kosmetichka |
| pó (de arroz) | упа | upa |
| pó (m) compacto | упадон | upadon |
| blush (m) | қизил ёғупа | qizil yog'upa |
| | | |
| perfume (m) | атир | atir |
| água-de-colônia (f) | атир | atir |
| loção (f) | лосон | loson |
| colônia (f) | атир | atir |
| | | |
| sombra (f) de olhos | кўз бўёғи | ko'z bo'yog'i |
| delineador (m) | кўз қалами | ko'z qalami |
| máscara (f), rímel (m) | киприк бўёғи | kiprik bo'yog'i |
| | | |
| batom (m) | лаб помадаси | lab pomadasi |
| esmalte (m) | тирноқ учун лок | tirnoq uchun lok |
| laquê (m), spray fixador (m) | соч учун лок | soch uchun lok |
| desodorante (m) | дезодорант | dezodorant |
| | | |
| creme (m) | крем | krem |
| creme (m) de rosto | юз учун крем | yuz uchun krem |
| creme (m) de mãos | қўл учун крем | qo'l uchun krem |
| creme (m) antirrugas | ажинга қарши крем | ajinga qarshi krem |
| creme (m) de dia | кундузги крем | kunduzgi krem |
| creme (m) de noite | тунги крем | tungi krem |
| de dia | кундузги | kunduzgi |
| da noite | тунги | tungi |
| | | |
| absorvente (m) interno | тампон | tampon |
| papel (m) higiênico | туалет қоғози | tualet qog'ozi |
| secador (m) de cabelo | фен | fen |

## 39. Joalheria

| | | |
|---|---|---|
| joias (f pl) | зеб-зийнат | zeb-ziynat |
| precioso (adj) | қимматбахо | qimmatbaho |
| marca (f) de contraste | проба | proba |
| | | |
| anel (m) | узук | uzuk |
| aliança (f) | никоҳ узуги | nikoh uzugi |
| pulseira (f) | билакузук | bilakuzuk |
| brincos (m pl) | зирак | zirak |

| | | |
|---|---|---|
| colar (m) | маржон | marjon |
| coroa (f) | тож | toj |
| colar (m) de contas | мунчоқ | munchoq |
| | | |
| diamante (m) | бриллиант | brilliant |
| esmeralda (f) | зумрад | zumrad |
| rubi (m) | ёқут | yoqut |
| safira (f) | зангори ёқут | zangori yoqut |
| pérola (f) | марварид | marvarid |
| âmbar (m) | қаҳрабо | qahrabo |

## 40. Relógios de pulso. Relógios

| | | |
|---|---|---|
| relógio (m) de pulso | соат | soat |
| mostrador (m) | сиферблат | siferblat |
| ponteiro (m) | мил, стрелка | mil, strelka |
| bracelete (em aço) | браслет | braslet |
| bracelete (em couro) | тасмача | tasmacha |
| | | |
| pilha (f) | батарейка | batareyka |
| acabar (vi) | ўтириб қолмоқ | o'tirib qolmoq |
| trocar a pilha | батарейка алмаштирмоқ | batareyka almashtirmoq |
| estar adiantado | шошмоқ | shoshmoq |
| estar atrasado | кечикмоқ | kechikmoq |
| | | |
| relógio (m) de parede | девор соати | devor soati |
| ampulheta (f) | қум соати | qum soati |
| relógio (m) de sol | қуёш соати | quyosh soati |
| despertador (m) | будилник | budilnik |
| relojoeiro (m) | соацоз | soatsoz |
| reparar (vt) | таъмирламоқ | ta'mirlamoq |

# Alimentação. Nutrição

## 41. Comida

| | | |
|---|---|---|
| carne (f) | гўшт | go'sht |
| galinha (f) | товуқ | tovuq |
| frango (m) | жўжа | jo'ja |
| pato (m) | ўрдак | o'rdak |
| ganso (m) | ғоз | g'oz |
| caça (f) | илвасин | ilvasin |
| peru (m) | курка | kurka |
| | | |
| carne (f) de porco | чўчқа гўшти | cho'chqa go'shti |
| carne (f) de vitela | бузоқ гўшти | buzoq go'shti |
| carne (f) de carneiro | қўй гўшти | qo'y go'shti |
| carne (f) de vaca | мол гўшти | mol go'shti |
| carne (f) de coelho | қуён | quyon |
| | | |
| linguiça (f), salsichão (m) | колбаса | kolbasa |
| salsicha (f) | сосиска | sosiska |
| bacon (m) | бекон | bekon |
| presunto (m) | ветчина | vetchina |
| pernil (m) de porco | сон гўшти | son go'shti |
| | | |
| patê (m) | паштет | pashtet |
| fígado (m) | жигар | jigar |
| guisado (m) | қийма | qiyma |
| língua (f) | тил | til |
| | | |
| ovo (m) | тухум | tuxum |
| ovos (m pl) | тухумлар | tuxumlar |
| clara (f) de ovo | тухумни оқи | tuxumni oqi |
| gema (f) de ovo | тухумни сариғи | tuxumni sarig'i |
| | | |
| peixe (m) | балиқ | baliq |
| mariscos (m pl) | денгиз маҳсулоти | dengiz mahsuloti |
| crustáceos (m pl) | қисқичбақасимонлар | qisqichbaqasimonlar |
| caviar (m) | увилдириқ | uvildiriq |
| | | |
| caranguejo (m) | қисқичбақа | qisqichbaqa |
| camarão (m) | креветка | krevetka |
| ostra (f) | устрица | ustritsa |
| lagosta (f) | лангуст | langust |
| polvo (m) | саккизоёқ | sakkizoyoq |
| lula (f) | калмар | kalmar |
| | | |
| esturjão (m) | осётр гўшти | osyotr go'shti |
| salmão (m) | лосос | losos |
| halibute (m) | палтус | paltus |
| bacalhau (m) | треска | treska |

| cavala, sarda (f) | скумбрия | skumbriya |
| atum (m) | тунец | tunets |
| enguia (f) | илонбалиқ | ilonbaliq |

| truta (f) | форел | forel |
| sardinha (f) | сардина | sardina |
| lúcio (m) | чўртанбалиқ | cho'rtanbaliq |
| arenque (m) | селд | seld |

| pão (m) | нон | non |
| queijo (m) | пишлоқ | pishloq |
| açúcar (m) | қанд | qand |
| sal (m) | туз | tuz |

| arroz (m) | гуруч | guruch |
| massas (f pl) | макарон | makaron |
| talharim, miojo (m) | угра | ugra |

| manteiga (f) | сариёғ | sariyog' |
| óleo (m) vegetal | ўсимлик ёғи | o'simlik yog'i |
| óleo (m) de girassol | кунгабоқар ёғи | kungaboqar yog'i |
| margarina (f) | маргарин | margarin |

| azeitonas (f pl) | зайтун | zaytun |
| azeite (m) | зайтун ёғи | zaytun yog'i |

| leite (m) | сут | sut |
| leite (m) condensado | қуйилтирилган сут | quyiltirilgan sut |
| iogurte (m) | ёғурт | yogurt |
| creme (m) azedo | сметана | smetana |
| creme (m) de leite | қаймоқ | qaymoq |

| maionese (f) | маёнез | mayonez |
| creme (m) | крем | krem |

| grãos (m pl) de cereais | ёрма | yorma |
| farinha (f) | ун | un |
| enlatados (m pl) | консерва | konserva |

| flocos (m pl) de milho | маккажўхори бодроқ | makkajo'xori bodroq |
| mel (m) | асал | asal |
| geleia (m) | жем | jem |
| chiclete (m) | чайналадиган резинка | chaynaladigan rezinka |

## 42. Bebidas

| água (f) | сув | suv |
| água (f) potável | ичимлик сув | ichimlik suv |
| água (f) mineral | минерал сув | mineral suv |

| sem gás (adj) | газсиз | gazsiz |
| gaseificada (adj) | газланган | gazlangan |
| com gás | газли | gazli |
| gelo (m) | муз | muz |

| com gelo | музли | muzli |
| não alcoólico (adj) | алкоголсиз | alkogolsiz |
| refrigerante (m) | алкоголсиз ичимлик | alkogolsiz ichimlik |
| refresco (m) | салкин ичимлик | salqin ichimlik |
| limonada (f) | лимонад | limonad |
| | | |
| bebidas (f pl) alcoólicas | спиртли ичимликлар | spirtli ichimliklar |
| vinho (m) | вино | vino |
| vinho (m) branco | ок вино | oq vino |
| vinho (m) tinto | кизил вино | qizil vino |
| | | |
| licor (m) | ликёр | likyor |
| champanhe (m) | шампан виноси | shampan vinosi |
| vermute (m) | вермут | vermut |
| | | |
| uísque (m) | виски | viski |
| vodca (f) | арок | aroq |
| gim (m) | джин | djin |
| conhaque (m) | коняк | konyak |
| rum (m) | ром | rom |
| | | |
| café (m) | кофе | kofe |
| café (m) preto | кора кофе | qora kofe |
| café (m) com leite | сутли кофе | sutli kofe |
| cappuccino (m) | каймокли кофе | qaymoqli kofe |
| café (m) solúvel | ерийдиган кофе | eriydigan kofe |
| | | |
| leite (m) | сут | sut |
| coquetel (m) | коктейл | kokteyl |
| batida (f), milkshake (m) | сутли коктейл | sutli kokteyl |
| | | |
| suco (m) | шарбат | sharbat |
| suco (m) de tomate | томат шарбати | tomat sharbati |
| suco (m) de laranja | апелсин шарбати | apelsin sharbati |
| suco (m) fresco | янги сикилган шарбат | yangi siqilgan sharbat |
| | | |
| cerveja (f) | пиво | pivo |
| cerveja (f) clara | оч ранг пиво | och rang pivo |
| cerveja (f) preta | тўк ранг пиво | to'q rang pivo |
| | | |
| chá (m) | чой | choy |
| chá (m) preto | кора чой | qora choy |
| chá (m) verde | кўк чой | ko'k choy |

## 43. Vegetais

| vegetais (m pl) | сабзавотлар | sabzavotlar |
| verdura (f) | кўкат | ko'kat |
| | | |
| tomate (m) | помидор | pomidor |
| pepino (m) | бодринг | bodring |
| cenoura (f) | сабзи | sabzi |
| batata (f) | картошка | kartoshka |
| cebola (f) | пиёз | piyoz |

| | | |
|---|---|---|
| alho (m) | саримсоқ | sarimsoq |
| couve (f) | карам | karam |
| couve-flor (f) | гулкарам | gulkaram |
| couve-de-bruxelas (f) | брюссел карами | bryussel karami |
| brócolis (m pl) | брокколи карами | brokkoli karami |
| | | |
| beterraba (f) | лавлаги | lavlagi |
| berinjela (f) | бақлажон | baqlajon |
| abobrinha (f) | қовоқча | qovoqcha |
| abóbora (f) | ошқовоқ | oshqovoq |
| nabo (m) | шолғом | sholg'om |
| | | |
| salsa (f) | петрушка | petrushka |
| endro, aneto (m) | укроп | ukrop |
| alface (f) | салат | salat |
| aipo (m) | селдерей | selderey |
| aspargo (m) | сарсабил | sarsabil |
| espinafre (m) | исмалоқ | ismaloq |
| | | |
| ervilha (f) | нўхат | no'xat |
| feijão (~ soja, etc.) | дуккакли ўсимликлар | dukkakli o'simliklar |
| milho (m) | маккажўхори | makkajo'xori |
| feijão (m) roxo | ловия | loviya |
| | | |
| pimentão (m) | қалампир | qalampir |
| rabanete (m) | редиска | rediska |
| alcachofra (f) | артишок | artishok |

## 44. Frutos. Nozes

| | | |
|---|---|---|
| fruta (f) | мева | meva |
| maçã (f) | олма | olma |
| pera (f) | нок | nok |
| limão (m) | лимон | limon |
| laranja (f) | апелсин | apelsin |
| morango (m) | қулупнай | qulupnay |
| | | |
| tangerina (f) | мандарин | mandarin |
| ameixa (f) | олхўри | olxo'ri |
| pêssego (m) | шафтоли | shaftoli |
| damasco (m) | ўрик | o'rik |
| framboesa (f) | малина | malina |
| abacaxi (m) | ананас | ananas |
| | | |
| banana (f) | банан | banan |
| melancia (f) | тарвуз | tarvuz |
| uva (f) | узум | uzum |
| ginja (f) | олча | olcha |
| cereja (f) | гилос | gilos |
| melão (m) | қовун | qovun |
| | | |
| toranja (f) | грейпфрут | greypfrut |
| abacate (m) | авокадо | avokado |
| mamão (m) | папайя | papayya |

| manga (f) | манго | mango |
| romã (f) | анор | anor |

| groselha (f) vermelha | қизил смородина | qizil smorodina |
| groselha (f) negra | қора смородина | qora smorodina |
| groselha (f) espinhosa | крижовник | krijovnik |
| mirtilo (m) | черника | chernika |
| amora (f) silvestre | маймунжон | maymunjon |

| passa (f) | майиз | mayiz |
| figo (m) | анжир | anjir |
| tâmara (f) | хурмо | xurmo |

| amendoim (m) | ерёнғоқ | eryong'oq |
| amêndoa (f) | бодом | bodom |
| noz (f) | ёнғоқ | yong'oq |
| avelã (f) | ўрмон ёнғоғи | o'rmon yong'og'i |
| coco (m) | кокос ёнғоғи | kokos yong'og'i |
| pistaches (m pl) | писта | pista |

## 45. Pão. Bolaria

| pastelaria (f) | қандолат маҳсулотлари | qandolat mahsulotlari |
| pão (m) | нон | non |
| biscoito (m), bolacha (f) | печене | pechene |

| chocolate (m) | шоколад | shokolad |
| de chocolate | шоколадли | shokoladli |
| bala (f) | конфет | konfet |
| doce (bolo pequeno) | пирожное | pirojnoe |
| bolo (m) de aniversário | торт | tort |

| torta (f) | пирог | pirog |
| recheio (m) | начинка | nachinka |

| geleia (m) | мураббо | murabbo |
| marmelada (f) | мармелад | marmelad |
| wafers (m pl) | вафли | vafli |
| sorvete (m) | музқаймоқ | muzqaymoq |
| pudim (m) | пудинг | puding |

## 46. Pratos cozinhados

| prato (m) | таом | taom |
| cozinha (~ portuguesa) | ошхона | oshxona |
| receita (f) | рецепт | retsept |
| porção (f) | порция | portsiya |

| salada (f) | салат | salat |
| sopa (f) | шўрва | sho'rva |
| caldo (m) | қуруқ қайнатма шўрва | quruq qaynatma sho'rva |
| sanduíche (m) | бутерброд | buterbrod |

| | | |
|---|---|---|
| ovos (m pl) fritos | тухум қуймоқ | tuxum quymoq |
| hambúrguer (m) | гамбургер | gamburger |
| bife (m) | бифштекс | bifshteks |
| | | |
| acompanhamento (m) | гарнир | garnir |
| espaguete (m) | спагетти | spagetti |
| purê (m) de batata | картошка пюреси | kartoshka pyuresi |
| pizza (f) | пицца | pitstsa |
| mingau (m) | бўтқа | bo'tqa |
| omelete (f) | қуймоқ | quymoq |
| | | |
| fervido (adj) | пиширилган | pishirilgan |
| defumado (adj) | дудланган | dudlangan |
| frito (adj) | қовурилган | qovurilgan |
| seco (adj) | қуритилган | quritilgan |
| congelado (adj) | музлатилган | muzlatilgan |
| em conserva (adj) | маринадланган | marinadlangan |
| | | |
| doce (adj) | ширин | shirin |
| salgado (adj) | тузланган | tuzlangan |
| frio (adj) | совуқ | sovuq |
| quente (adj) | иссиқ | issiq |
| amargo (adj) | аччиқ | achchiq |
| gostoso (adj) | мазали | mazali |
| | | |
| cozinhar em água fervente | пиширмоқ | pishirmoq |
| preparar (vt) | тайёрламоқ | tayyorlamoq |
| fritar (vt) | қовурмоқ | qovurmoq |
| aquecer (vt) | иситмоқ | isitmoq |
| | | |
| salgar (vt) | тузламоқ | tuzlamoq |
| apimentar (vt) | мурч сепмоқ | murch sepmoq |
| ralar (vt) | қирғичда қирмоқ | qirg'ichda qirmoq |
| casca (f) | пўст | po'st |
| descascar (vt) | тозаламоқ | tozalamoq |

## 47. Especiarias

| | | |
|---|---|---|
| sal (m) | туз | tuz |
| salgado (adj) | тузли | tuzli |
| salgar (vt) | тузламоқ | tuzlamoq |
| | | |
| pimenta-do-reino (f) | қора мурч | qora murch |
| pimenta (f) vermelha | қизил қалампир | qizil qalampir |
| mostarda (f) | горчица | gorchitsa |
| raiz-forte (f) | хрен | xren |
| | | |
| condimento (m) | зиравор | ziravor |
| especiaria (f) | доривор | dorivor |
| molho (~ inglês) | қайла | qayla |
| vinagre (m) | сирка | sirka |
| | | |
| anis estrelado (m) | анис | anis |
| manjericão (m) | райҳон | rayhon |

| cravo (m) | қалампирмунчоқ | qalampirmunchoq |
| gengibre (m) | занжабил | zanjabil |
| coentro (m) | кашнич | kashnich |
| canela (f) | долчин | dolchin |

| gergelim (m) | кунжут | kunjut |
| folha (f) de louro | лавр япроғи | lavr yaprog'i |
| páprica (f) | гармдори | garmdori |
| cominho (m) | зира | zira |
| açafrão (m) | заъфарон | za'faron |

## 48. Refeições

| comida (f) | таом | taom |
| comer (vt) | йемоқ | yemoq |

| café (m) da manhã | нонушта | nonushta |
| tomar café da manhã | нонушта қилмоқ | nonushta qilmoq |
| almoço (m) | тушлик | tushlik |
| almoçar (vi) | тушлик қилмоқ | tushlik qilmoq |
| jantar (m) | кечки овқат | kechki ovqat |
| jantar (vi) | кечки овқатни емоқ | kechki ovqatni emoq |

| apetite (m) | иштаҳа | ishtaha |
| Bom apetite! | Ёқимли иштаҳа! | Yoqimli ishtaha! |

| abrir (~ uma lata, etc.) | очмоқ | ochmoq |
| derramar (~ líquido) | тўкмоқ | to'kmoq |
| derramar-se (vr) | тўкилмоқ | to'kilmoq |

| ferver (vi) | қайнамоқ | qaynamoq |
| ferver (vt) | қайнатмоқ | qaynatmoq |
| fervido (adj) | қайнатилган | qaynatilgan |

| esfriar (vt) | совутмоқ | sovutmoq |
| esfriar-se (vr) | совутилмоқ | sovutilmoq |

| sabor, gosto (m) | таъм | ta'm |
| fim (m) de boca | қўшимча таъм | qo'shimcha ta'm |

| emagrecer (vi) | озмоқ | ozmoq |
| dieta (f) | парҳез | parhez |
| vitamina (f) | витамин | vitamin |
| caloria (f) | калория | kaloriya |

| vegetariano (m) | вегетариан | vegetarian |
| vegetariano (adj) | вегетарианча | vegetariancha |

| gorduras (f pl) | ёғлар | yog'lar |
| proteínas (f pl) | оқсиллар | oqsillar |
| carboidratos (m pl) | углеводлар | uglevodlar |
| fatia (~ de limão, etc.) | тилимча | tilimcha |
| pedaço (~ de bolo) | бўлак | bo'lak |
| migalha (f), farelo (m) | урвоқ | urvoq |

## 49. Por a mesa

| | | |
|---|---|---|
| colher (f) | қошиқ | qoshiq |
| faca (f) | пичоқ | pichoq |
| garfo (m) | санчқи | sanchqi |
| | | |
| xícara (f) | косача | kosacha |
| prato (m) | тарелка | tarelka |
| pires (m) | ликопча | likopcha |
| guardanapo (m) | қўл сочиқ | qo'l sochiq |
| palito (m) | тиш кавлагич | tish kavlagich |

## 50. Restaurante

| | | |
|---|---|---|
| restaurante (m) | ресторан | restoran |
| cafeteria (f) | кофехона | kofexona |
| bar (m), cervejaria (f) | бар | bar |
| salão (m) de chá | чой салони | choy saloni |
| | | |
| garçom (m) | официант | ofitsiant |
| garçonete (f) | официантка | ofitsiantka |
| barman (m) | бармен | barmen |
| | | |
| cardápio (m) | таомнома | taomnoma |
| lista (f) de vinhos | винолар рўйхати | vinolar ro'yxati |
| reservar uma mesa | столни банд қилмоқ | stolni band qilmoq |
| | | |
| prato (m) | таом | taom |
| pedir (vt) | буюртма қилмоқ | buyurtma qilmoq |
| fazer o pedido | буюртма бермоқ | buyurtma bermoq |
| | | |
| aperitivo (m) | аперитив | aperitiv |
| entrada (f) | газак | gazak |
| sobremesa (f) | десерт | desert |
| | | |
| conta (f) | ҳисоб | hisob |
| pagar a conta | ҳисоб бўйича тўламоқ | hisob bo'yicha to'lamoq |
| dar o troco | қайтим бермоқ | qaytim bermoq |
| gorjeta (f) | чойчақа | choychaqa |

# Família, parentes e amigos

## 51. Informação pessoal. Formulários

| | | |
|---|---|---|
| nome (m) | исм | ism |
| sobrenome (m) | фамилия | familiya |
| data (f) de nascimento | туғилган сана | tug'ilgan sana |
| local (m) de nascimento | туғилган жойи | tug'ilgan joyi |
| nacionalidade (f) | миллати | millati |
| lugar (m) de residência | турар жойи | turar joyi |
| país (m) | мамлакат | mamlakat |
| profissão (f) | касб | kasb |
| sexo (m) | жинс | jins |
| estatura (f) | бўй | bo'y |
| peso (m) | вазн | vazn |

## 52. Membros da família. Parentes

| | | |
|---|---|---|
| mãe (f) | она | ona |
| pai (m) | ота | ota |
| filho (m) | ўғли | o'g'li |
| filha (f) | қиз | qiz |
| caçula (f) | кичик қиз | kichik qiz |
| caçula (m) | кичик ўғил | kichik o'g'il |
| filha (f) mais velha | катта қизи | katta qizi |
| filho (m) mais velho | катта ўғли | katta o'g'li |
| irmão (m) mais velho | ака | aka |
| irmão (m) mais novo | ука | uka |
| irmã (f) mais velha | опа | opa |
| irmã (f) mais nova | сингил | singil |
| primo (m) | амакивачча, холавачча | amakivachcha, xolavachcha |
| prima (f) | амакивачча, холавачча | amakivachcha, xolavachcha |
| mamãe (f) | ойи | oyi |
| papai (m) | дада | dada |
| pais (pl) | ота-она | ota-ona |
| criança (f) | бола | bola |
| crianças (f pl) | болалар | bolalar |
| avó (f) | буви | buvi |
| avô (m) | бобо | bobo |
| neto (m) | невара | nevara |
| neta (f) | набира | nabira |
| netos (pl) | неваралар | nevaralar |

| tio (m) | амаки | amaki |
|---|---|---|
| tia (f) | хола | xola |
| sobrinho (m) | жиян | jiyan |
| sobrinha (f) | жиян | jiyan |

| sogra (f) | қайнона | qaynona |
|---|---|---|
| sogro (m) | қайнота | qaynota |
| genro (m) | куёв | kuyov |
| madrasta (f) | ўгай она | o'gay ona |
| padrasto (m) | ўгай ота | o'gay ota |

| criança (f) de colo | гўдак | go'dak |
|---|---|---|
| bebê (m) | чақалоқ | chaqaloq |
| menino (m) | кичкинтой | kichkintoy |

| mulher (f) | хотин | xotin |
|---|---|---|
| marido (m) | ер | er |
| esposo (m) | рафиқ | rafiq |
| esposa (f) | рафиқа | rafiqa |

| casado (adj) | уйланган | uylangan |
|---|---|---|
| casada (adj) | турмушга чиққан | turmushga chiqqan |
| solteiro (adj) | бўйдоқ | bo'ydoq |
| solteirão (m) | бўйдоқ | bo'ydoq |
| divorciado (adj) | ажрашган | ajrashgan |
| viúva (f) | бева аёл | beva ayol |
| viúvo (m) | бева еркак | beva erkak |

| parente (m) | қариндош | qarindosh |
|---|---|---|
| parente (m) próximo | яқин қариндош | yaqin qarindosh |
| parente (m) distante | узоқ қариндош | uzoq qarindosh |
| parentes (m pl) | қариндошлар | qarindoshlar |

| órfão (m), órfã (f) | йетим | yetim |
|---|---|---|
| tutor (m) | васий | vasiy |
| adotar (um filho) | ўгил қилиб олиш | o'g'il qilib olish |
| adotar (uma filha) | қиз қилиб олиш | qiz qilib olish |

## 53. Amigos. Colegas de trabalho

| amigo (m) | дўст | do'st |
|---|---|---|
| amiga (f) | дугона | dugona |
| amizade (f) | дўстлик | do'stlik |
| ser amigos | дўстлашмоқ | do'stlashmoq |

| amigo (m) | оғайни | og'ayni |
|---|---|---|
| amiga (f) | дугона | dugona |
| parceiro (m) | шерик | sherik |

| chefe (m) | раҳбар | rahbar |
|---|---|---|
| superior (m) | бошлиқ | boshliq |
| proprietário (m) | ега | ega |
| subordinado (m) | бўйсунувчи | bo'ysunuvchi |
| colega (m, f) | ҳамкасб | hamkasb |

| | | |
|---|---|---|
| conhecido (m) | таниш | tanish |
| companheiro (m) de viagem | йўловчи | yo'lovchi |
| colega (m) de classe | синфдош | sinfdosh |
| vizinho (m) | қўшни еркак | qo'shni erkak |
| vizinha (f) | қўшни аёл | qo'shni ayol |
| vizinhos (pl) | қўшнилар | qo'shnilar |

## 54. Homem. Mulher

| | | |
|---|---|---|
| mulher (f) | аёл | ayol |
| menina (f) | қиз | qiz |
| noiva (f) | келин | kelin |
| bonita, bela (adj) | чиройли | chiroyli |
| alta (adj) | баланд | baland |
| esbelta (adj) | хушбичим | xushbichim |
| baixa (adj) | пакана | pakana |
| loira (f) | оқ-сариқ соч | oq-sariq soch |
| morena (f) | қора соч | qora soch |
| de senhora | аёлларга хос | ayollarga xos |
| virgem (f) | маъсума | ma'suma |
| grávida (adj) | ҳомиладор | homilador |
| homem (m) | еркак | erkak |
| loiro (m) | оқ-сариқ соч | oq-sariq soch |
| moreno (m) | қора соч | qora soch |
| alto (adj) | баланд | baland |
| baixo (adj) | пакана | pakana |
| rude (adj) | қўпол | qo'pol |
| atarracado (adj) | чорпахил | chorpaxil |
| robusto (adj) | бақувват | baquvvat |
| forte (adj) | кучли | kuchli |
| força (f) | куч | kuch |
| gordo (adj) | семиз | semiz |
| moreno (adj) | қорача | qoracha |
| esbelto (adj) | хушбичим | xushbichim |
| elegante (adj) | башанг | bashang |

## 55. Idade

| | | |
|---|---|---|
| idade (f) | ёши | yoshi |
| juventude (f) | ёшлик | yoshlik |
| jovem (adj) | ёш | yosh |
| mais novo (adj) | ёшроқ | yoshroq |
| mais velho (adj) | каттароқ | kattaroq |
| jovem (m) | ёш йигит | yosh yigit |

| | | |
|---|---|---|
| adolescente (m) | ўспирин | o'spirin |
| rapaz (m) | йигит | yigit |
| | | |
| velho (m) | чол | chol |
| velha (f) | кампир | kampir |
| | | |
| adulto | катта ёшли | katta yoshli |
| de meia-idade | ўрта ёшли | o'rta yoshli |
| idoso, de idade (adj) | кексайган | keksaygan |
| velho (adj) | кекса | keksa |
| | | |
| aposentadoria (f) | нафақа | nafaqa |
| aposentar-se (vr) | нафақага чиқиш | nafaqaga chiqish |
| aposentado (m) | нафақахўр | nafaqaxo'r |

## 56. Crianças

| | | |
|---|---|---|
| criança (f) | бола | bola |
| crianças (f pl) | болалар | bolalar |
| gêmeos (m pl), gêmeas (f pl) | егизаклар | egizaklar |
| | | |
| berço (m) | бешик | beshik |
| chocalho (m) | шиқилдоқ | shiqildoq |
| fralda (f) | таглик | taglik |
| | | |
| chupeta (f), bico (m) | сўргич | so'rgich |
| carrinho (m) de bebê | аравача | aravacha |
| | | |
| jardim (m) de infância | болалар боғчаси | bolalar bog'chasi |
| babysitter, babá (f) | енага | enaga |
| | | |
| infância (f) | болалик | bolalik |
| boneca (f) | қўғирчоқ | qo'g'irchoq |
| | | |
| brinquedo (m) | ўйинчоқ | o'yinchoq |
| jogo (m) de montar | конструктор | konstruktor |
| | | |
| bem-educado (adj) | тарбияли | tarbiyali |
| malcriado (adj) | тарбиясиз | tarbiyasiz |
| mimado (adj) | ерка | erka |
| | | |
| ser travesso | шўхлик қилмоқ | sho'xlik qilmoq |
| travesso, traquinas (adj) | шўх | sho'x |
| | | |
| travessura (f) | шўхлик | sho'xlik |
| criança (f) travessa | шумтака | shumtaka |
| | | |
| obediente (adj) | итоаткор | itoatkor |
| desobediente (adj) | итоациз | itoatsiz |
| | | |
| dócil (adj) | если | esli |
| inteligente (adj) | ақлли | aqlli |
| prodígio (m) | вундеркинд | vunderkind |

## 57. Casais. Vida de família

| | | |
|---|---|---|
| beijar (vt) | ўпмоқ | o'pmoq |
| beijar-se (vr) | ўпишмоқ | o'pishmoq |
| família (f) | оила | oila |
| familiar (vida ~) | оилавий | oilavly |
| casal (m) | ер-хотин | er-xotin |
| matrimônio (m) | никоҳ | nikoh |
| lar (m) | ўз уйи | o'z uyi |
| dinastia (f) | сулола | sulola |
| encontro (m) | учрашув | uchrashuv |
| beijo (m) | ўпич | o'pich |
| amor (m) | севги | sevgi |
| amar (pessoa) | севмоқ | sevmoq |
| amado, querido (adj) | севикли | sevikli |
| ternura (f) | меҳрибонлик | mehribonlik |
| afetuoso (adj) | мулойим | muloyim |
| fidelidade (f) | садоқат | sadoqat |
| fiel (adj) | садоқатли | sadoqatli |
| cuidado (m) | ғамхўрлик | g'amxo'rlik |
| carinhoso (adj) | ғамхўр | g'amxo'r |
| recém-casados (pl) | ёш келин-куёв | yosh kelin-kuyov |
| lua (f) de mel | асал ойи | asal oyi |
| casar-se (com um homem) | турмушга чиқмоқ | turmushga chiqmoq |
| casar-se (com uma mulher) | уйланмоқ | uylanmoq |
| casamento (m) | никоҳ тўйи | nikoh to'yi |
| bodas (f pl) de ouro | олтин тўй | oltin to'y |
| aniversário (m) | йиллик | yillik |
| amante (m) | жазман | jazman |
| amante (f) | жазман | jazman |
| adultério (m), traição (f) | хиёнат | xiyonat |
| cometer adultério | хиёнат қилмоқ | xiyonat qilmoq |
| ciumento (adj) | рашкчи | rashkchi |
| ser ciumento, -a | рашк қилмоқ | rashk qilmoq |
| divórcio (m) | ажралиш | ajralish |
| divorciar-se (vr) | ажралишмоқ | ajralishmoq |
| brigar (discutir) | уришиб қолмоқ | urishib qolmoq |
| fazer as pazes | ярашмоқ | yarashmoq |
| juntos (ir ~) | бирга | birga |
| sexo (m) | секс | seks |
| felicidade (f) | бахт | baxt |
| feliz (adj) | бахтли | baxtli |
| infelicidade (f) | бахцизлик | baxtsizlik |
| infeliz (adj) | бахциз | baxtsiz |

# Caráter. Sentimentos. Emoções

## 58. Sentimentos. Emoções

| | | |
|---|---|---|
| sentimento (m) | туйғу | tuyg'u |
| sentimentos (m pl) | туйғулар | tuyg'ular |
| sentir (vt) | ҳис қилмоқ | his qilmoq |
| | | |
| fome (f) | очлик | ochlik |
| ter fome | ейишни истамоқ | eyishni istamoq |
| sede (f) | чанқов | chanqov |
| ter sede | чанқамоқ | chanqamoq |
| sonolência (f) | уйқучилик | uyquchilik |
| estar sonolento | уйқуни истамоқ | uyquni istamoq |
| | | |
| cansaço (m) | чарчоқ | charchoq |
| cansado (adj) | чарчаган | charchagan |
| ficar cansado | чарчамоқ | charchamoq |
| | | |
| humor (m) | кайфият | kayfiyat |
| tédio (m) | зерикиш | zerikish |
| entediar-se (vr) | зерикмоқ | zerikmoq |
| reclusão (isolamento) | ёлғизлик | yolg'izlik |
| isolar-se (vr) | ёлғиз бўлмоқ | yolg'iz bo'lmoq |
| | | |
| preocupar (vt) | хавотир қилмоқ | xavotir qilmoq |
| estar preocupado | хавотирланмоқ | xavotirlanmoq |
| preocupação (f) | безовталик | bezovtalik |
| ansiedade (f) | хавотирлик | xavotirlik |
| preocupado (adj) | ташвишланган | tashvishlangan |
| estar nervoso | асабийлашмоқ | asabiylashmoq |
| entrar em pânico | ваҳимага тушмоқ | vahimaga tushmoq |
| | | |
| esperança (f) | умид | umid |
| esperar (vt) | умид қилмоқ | umid qilmoq |
| | | |
| certeza (f) | дадиллик | dadillik |
| certo, seguro de ... | дадил | dadil |
| indecisão (f) | дадилсизлик | dadilsizlik |
| indeciso (adj) | дадил емас | dadil emas |
| | | |
| bêbado (adj) | маст | mast |
| sóbrio (adj) | хушёр | xushyor |
| fraco (adj) | заиф | zaif |
| feliz (adj) | бахтли, омадли | baxtli, omadli |
| assustar (vt) | қўрқитмоқ | qo'rqitmoq |
| fúria (f) | қутуриш | quturish |
| ira, raiva (f) | қаттиқ ғазаб | qattiq g'azab |
| depressão (f) | руҳий сиқилиш | ruhiy siqilish |
| desconforto (m) | дискомфорт | diskomfort |

| | | |
|---|---|---|
| conforto (m) | комфорт | komfort |
| arrepender-se (vr) | афсусланмоқ | afsuslanmoq |
| arrependimento (m) | афсус | afsus |
| azar (m), má sorte (f) | омадсизлик | omadsizlik |
| tristeza (f) | хафалик | xafalik |
| | | |
| vergonha (f) | уят | uyat |
| alegria (f) | ўйин-кулги | o'yin-kulgi |
| entusiasmo (m) | ташаббус | tashabbus |
| entusiasta (m) | ташаббускор | tashabbuskor |
| mostrar entusiasmo | ташаббус кўрсатмоқ | tashabbus ko'rsatmoq |

## 59. Caráter. Personalidade

| | | |
|---|---|---|
| caráter (m) | феъл-атвор | fe'l-atvor |
| falha (f) de caráter | нуқсон | nuqson |
| mente (f) | ақл | aql |
| razão (f) | идрок | idrok |
| | | |
| consciência (f) | виждон | vijdon |
| hábito, costume (m) | одат | odat |
| habilidade (f) | қобилият | qobiliyat |
| saber (~ nadar, etc.) | уддаламоқ | uddalamoq |
| | | |
| paciente (adj) | сабрли | sabrli |
| impaciente (adj) | сабрсиз | sabrsiz |
| curioso (adj) | қизиқувчан | qiziquvchan |
| curiosidade (f) | қизиқувчанлик | qiziquvchanlik |
| | | |
| modéstia (f) | камтарлик | kamtarlik |
| modesto (adj) | камтар | kamtar |
| imodesto (adj) | мақтанчоқ | maqtanchoq |
| | | |
| preguiça (f) | дангасалик | dangasalik |
| preguiçoso (adj) | дангаса | dangasa |
| preguiçoso (m) | дангаса | dangasa |
| | | |
| astúcia (f) | айёрлик | ayyorlik |
| astuto (adj) | айёр | ayyor |
| desconfiança (f) | ишонмаслик | ishonmaslik |
| desconfiado (adj) | ишонмайдиган | ishonmaydigan |
| | | |
| generosidade (f) | сахийлик | saxiylik |
| generoso (adj) | сахий | saxiy |
| talentoso (adj) | истеъдодли | iste'dodli |
| talento (m) | истеъдод | iste'dod |
| | | |
| corajoso (adj) | жасур | jasur |
| coragem (f) | жасурлик | jasurlik |
| honesto (adj) | ростгўй | rostgo'y |
| honestidade (f) | ростгўйлик | rostgo'ylik |
| | | |
| prudente, cuidadoso (adj) | эҳтиёткор | ehtiyotkor |
| valoroso (adj) | довюрак | dovyurak |

| | | |
|---|---|---|
| sério (adj) | жиддий | jiddiy |
| severo (adj) | қаттиққўл | qattiqqo'l |

| | | |
|---|---|---|
| decidido (adj) | дадил | dadil |
| indeciso (adj) | қатъияциз | qat'iyatsiz |
| tímido (adj) | тортинчоқ | tortinchoq |
| timidez (f) | тортинчоқлик | tortinchoqlik |

| | | |
|---|---|---|
| confiança (f) | ишонч | ishonch |
| confiar (vt) | ишонмоқ | ishonmoq |
| crédulo (adj) | ишонувчан | ishonuvchan |

| | | |
|---|---|---|
| sinceramente | самимият билан | samimiyat bilan |
| sincero (adj) | самимий | samimiy |
| sinceridade (f) | самимият | samimiyat |
| aberto (adj) | самимий | samimiy |

| | | |
|---|---|---|
| calmo (adj) | ювош | yuvosh |
| franco (adj) | очиқ | ochiq |
| ingênuo (adj) | содда | sodda |
| distraído (adj) | паришонхотир | parishonxotir |
| engraçado (adj) | кулгили | kulgili |

| | | |
|---|---|---|
| ganância (f) | очкўзлик | ochko'zlik |
| ganancioso (adj) | очкўз | ochko'z |
| avarento, sovina (adj) | хасис | xasis |
| mal (adj) | ёвуз | yovuz |
| teimoso (adj) | қайсар | qaysar |
| desagradável (adj) | ёқимсиз | yoqimsiz |

| | | |
|---|---|---|
| egoísta (m) | худбин | xudbin |
| egoísta (adj) | худбинлик | xudbinlik |
| covarde (m) | қўрқоқ | qo'rqoq |
| covarde (adj) | қўрқоқ | qo'rqoq |

## 60. O sono. Sonhos

| | | |
|---|---|---|
| dormir (vi) | ухламоқ | uxlamoq |
| sono (m) | уйқу | uyqu |
| sonho (m) | туш | tush |
| sonhar (ver sonhos) | туш кўрмоқ | tush ko'rmoq |
| sonolento (adj) | уйқусираган | uyqusiragan |

| | | |
|---|---|---|
| cama (f) | каравот | karavot |
| colchão (m) | тўшак | to'shak |
| cobertor (m) | адёл | adyol |
| travesseiro (m) | ёстиқ | yostiq |
| lençol (m) | чойшаб | choyshab |

| | | |
|---|---|---|
| insônia (f) | уйқусизлик | uyqusizlik |
| sem sono (adj) | уйқусиз | uyqusiz |
| sonífero (m) | уйқу дори | uyqu dori |
| tomar um sonífero | уйқу дори ичмоқ | uyqu dori ichmoq |
| estar sonolento | уйқуни истамоқ | uyquni istamoq |

| | | |
|---|---|---|
| bocejar (vi) | еснамоқ | esnamoq |
| ir para a cama | ухлашга кетмоқ | uxlashga ketmoq |
| fazer a cama | кўрпа-ёстиқни тўшамоқ | ko'rpa-yostiqni to'shamoq |
| adormecer (vi) | уйқуга кетмоқ | uyquga ketmoq |
| | | |
| pesadelo (m) | босинқираш | bosinqirash |
| ronco (m) | хуррак | xurrak |
| roncar (vi) | хуррак отмоқ | xurrak otmoq |
| | | |
| despertador (m) | будилник | budilnik |
| acordar, despertar (vt) | уйғотмоқ | uyg'otmoq |
| acordar (vi) | уйғонмоқ | uyg'onmoq |
| levantar-se (vr) | тўшакдан турмоқ | to'shakdan turmoq |
| lavar-se (vr) | ювинмоқ | yuvinmoq |

## 61. Humor. Riso. Alegria

| | | |
|---|---|---|
| humor (m) | юмор | yumor |
| senso (m) de humor | юмор туйғуси | yumor tuyg'usi |
| divertir-se (vr) | қувнамоқ | quvnamoq |
| alegre (adj) | қувноқ | quvnoq |
| diversão (f) | қувноқлик | quvnoqlik |
| | | |
| sorriso (m) | табассум | tabassum |
| sorrir (vi) | жилмаймоқ | jilmaymoq |
| começar a rir | кулиб юбормоқ | kulib yubormoq |
| rir (vi) | кулмоқ | kulmoq |
| riso (m) | кулги | kulgi |
| | | |
| anedota (f) | латифа | latifa |
| engraçado (adj) | кулгили | kulgili |
| ridículo, cômico (adj) | кулгили | kulgili |
| | | |
| brincar (vi) | ҳазиллашмоқ | hazillashmoq |
| piada (f) | ҳазил | hazil |
| alegria (f) | қувонч | quvonch |
| regozijar-se (vr) | қувонмоқ | quvonmoq |
| alegre (adj) | қувончли | quvonchli |

## 62. Discussão, conversação. Parte 1

| | | |
|---|---|---|
| comunicação (f) | мулоқот | muloqot |
| comunicar-se (vr) | мулоқотда бўлмоқ | muloqotda bo'lmoq |
| | | |
| conversa (f) | суҳбат | suhbat |
| diálogo (m) | диалог | dialog |
| discussão (f) | мунозара | munozara |
| debate (m) | баҳс | bahs |
| debater (vt) | баҳслашмоқ | bahslashmoq |
| | | |
| interlocutor (m) | ҳамсуҳбат | hamsuhbat |
| tema (m) | мавзу | mavzu |

| ponto (m) de vista | нуқтаи назар | nuqtai nazar |
| opinião (f) | фикр | fikr |
| discurso (m) | нутқ | nutq |

| discussão (f) | муҳокама | muhokama |
| discutir (vt) | муҳокама қилмоқ | muhokama qilmoq |
| conversa (f) | суҳбат | suhbat |
| conversar (vi) | суҳбатлашмоқ | suhbatlashmoq |
| reunião (f) | учрашув | uchrashuv |
| encontrar-se (vr) | учрашмоқ | uchrashmoq |

| provérbio (m) | мақол | maqol |
| ditado, provérbio (m) | матал | matal |
| adivinha (f) | топишмоқ | topishmoq |
| dizer uma adivinha | топишмоқ айтмоқ | topishmoq aytmoq |
| senha (f) | парол | parol |
| segredo (m) | сир | sir |

| juramento (m) | қасам | qasam |
| jurar (vi) | қасам ичмоқ | qasam ichmoq |
| promessa (f) | ваъда | va'da |
| prometer (vt) | ваъда бермоқ | va'da bermoq |

| conselho (m) | маслаҳат | maslahat |
| aconselhar (vt) | маслаҳат бермоқ | maslahat bermoq |
| seguir o conselho | маслаҳатга амал қилмоқ | maslahatga amal qilmoq |
| escutar (~ os conselhos) | қулоқ солмоқ | quloq solmoq |

| novidade, notícia (f) | янгилик | yangilik |
| sensação (f) | шов-шув | shov-shuv |
| informação (f) | маълумот | ma'lumot |
| conclusão (f) | хулоса | xulosa |
| voz (f) | товуш | tovush |
| elogio (m) | хушомад | xushomad |
| amável, querido (adj) | илтифот | iltifot |

| palavra (f) | сўз | so'z |
| frase (f) | жумла | jumla |
| resposta (f) | жавоб | javob |
| verdade (f) | ҳақиқат | haqiqat |
| mentira (f) | ёлғон | yolg'on |

| pensamento (m) | тафаккур | tafakkur |
| ideia (f) | фикр | fikr |
| fantasia (f) | хомхаёл | xomxayol |

## 63. Discussão, conversação. Parte 2

| estimado, respeitado (adj) | ҳурматли | hurmatli |
| respeitar (vt) | ҳурмат қилмоқ | hurmat qilmoq |
| respeito (m) | ҳурмат | hurmat |
| Estimado ..., Caro ... | Муҳтарам ... | Muhtaram ... |
| apresentar (alguém a alguém) | таништирмоқ | tanishtirmoq |

| | | |
|---|---|---|
| conhecer (vt) | танишмоқ | tanishmoq |
| intenção (f) | ният | niyat |
| tencionar (~ fazer algo) | ният қилмоқ | niyat qilmoq |
| desejo (de boa sorte) | тилак | tilak |
| desejar (ex. ~ boa sorte) | тиламоқ | tilamoq |
| surpresa (f) | ажабланиш | ajablanish |
| surpreender (vt) | ажаблантирмоқ | ajablantirmoq |
| surpreender-se (vr) | ажабланмоқ | ajablanmoq |
| dar (vt) | бермоқ | bermoq |
| pegar (tomar) | олмоқ | olmoq |
| devolver (vt) | қайтариб бермоқ | qaytarib bermoq |
| retornar (vt) | қайтариб бермоқ | qaytarib bermoq |
| desculpar-se (vr) | кечирим сўрамоқ | kechirim so'ramoq |
| desculpa (f) | узр | uzr |
| perdoar (vt) | кечирмоқ | kechirmoq |
| falar (vi) | гаплашмоқ | gaplashmoq |
| escutar (vt) | ешитмоқ | eshitmoq |
| ouvir até o fim | тингламоқ | tinglamoq |
| entender (compreender) | тушунмоқ | tushunmoq |
| mostrar (vt) | кўрсатмоқ | ko'rsatmoq |
| olhar para ... | ... га қарамоқ | ... ga qaramoq |
| chamar (alguém para ...) | чақирмоқ | chaqirmoq |
| perturbar, distrair (vt) | безовта қилмоқ | bezovta qilmoq |
| perturbar (vt) | халақит бермоқ | xalaqit bermoq |
| entregar (~ em mãos) | бериб қўймоқ | berib qo'ymoq |
| pedido (m) | илтимос | iltimos |
| pedir (ex. ~ ajuda) | сўрамоқ | so'ramoq |
| exigência (f) | талаб | talab |
| exigir (vt) | талаб қилмоқ | talab qilmoq |
| insultar (chamar nomes) | тегажаклик қилмоқ | tegajaklik qilmoq |
| zombar (vt) | масхара қилмоқ | masxara qilmoq |
| zombaria (f) | масхара қилиш | masxara qilish |
| alcunha (f), apelido (m) | лақаб | laqab |
| insinuação (f) | ишора | ishora |
| insinuar (vt) | ишора қилмоқ | ishora qilmoq |
| querer dizer | назарда тутмоқ | nazarda tutmoq |
| descrição (f) | таъриф | ta'rif |
| descrever (vt) | таърифламоқ | ta'riflamoq |
| elogio (m) | мақтов | maqtov |
| elogiar (vt) | мақтамоқ | maqtamoq |
| desapontamento (m) | кўнгил қолиш | ko'ngil qolish |
| desapontar (vt) | кўнгилни қолдирмоқ | ko'ngilni qoldirmoq |
| desapontar-se (vr) | кўнгил қолиши | ko'ngil qolishi |
| suposição (f) | фараз | faraz |
| supor (vt) | фараз қилмоқ | faraz qilmoq |

| advertência (f) | огоҳлантириш | ogohlantirish |
| advertir (vt) | огоҳлантирмоқ | ogohlantirmoq |

## 64. Discussão, conversação. Parte 3

| convencer (vt) | кўндирмоқ | ko'ndirmoq |
| acalmar (vt) | тинчлантирмоқ | tinchlantirmoq |

| silêncio (o ~ é de ouro) | сукут сақлаш | sukut saqlash |
| ficar em silêncio | индамай турмоқ | indamay turmoq |
| sussurrar (vt) | пичирламоқ | pichirlamoq |
| sussurro (m) | пичирлаш | pichirlash |

| francamente | очиқчасига | ochiqchasiga |
| na minha opinião … | менинг фикримча … | mening fikrimcha … |

| detalhe (~ da história) | батафсиллик | batafsillik |
| detalhado (adj) | батафсил | batafsil |
| detalhadamente | батафсил | batafsil |

| dica (f) | ишора | ishora |
| dar uma dica | ишора қилмоқ | ishora qilmoq |

| olhar (m) | нигоҳ | nigoh |
| dar uma olhada | қараб қўймоқ | qarab qo'ymoq |
| fixo (olhada ~a) | қотиб қолган | qotib qolgan |
| piscar (vi) | кўз учирмоқ | ko'z uchirmoq |
| piscar (vt) | кўз қисмоқ | ko'z qismoq |
| acenar com a cabeça | бош силкимоқ | bosh silkimoq |

| suspiro (m) | хўрсиниш | xo'rsinish |
| suspirar (vi) | хўрсинмоқ | xo'rsinmoq |
| estremecer (vi) | сесканмоқ | seskanmoq |
| gesto (m) | имо-ишора | imo-ishora |
| tocar (com as mãos) | тегиб кетмоқ | tegib ketmoq |
| agarrar (~ pelo braço) | ушламоқ | ushlamoq |
| bater de leve | қоқмоқ | qoqmoq |

| Cuidado! | Еҳтиёт бўлинг! | Ehtiyot bo'ling! |
| Sério? | Наҳотки? | Nahotki? |
| Tem certeza? | Ишончинг комилми? | Ishonching komilmi? |
| Boa sorte! | Омад ёр бўлсин! | Omad yor bo'lsin! |
| Entendi! | Тушунарли! | Tushunarli! |
| Que pena! | Афсус! | Afsus! |

## 65. Acordo. Recusa

| consentimento (~ mútuo) | розилик | rozilik |
| consentir (vi) | рози бўлмоқ | rozi bo'lmoq |
| aprovação (f) | маъқуллаш | ma'qullash |
| aprovar (vt) | маъқулламоқ | ma'qullamoq |
| recusa (f) | рад қилиш | rad qilish |

| | | |
|---|---|---|
| negar-se a ... | рад қилмоқ | rad qilmoq |
| Ótimo! | Аъло! | A'lo! |
| Tudo bem! | Яхши! | Yaxshi! |
| Está bem! De acordo! | Майли! | Mayli! |

| | | |
|---|---|---|
| proibido (adj) | тақиқланган | taqiqlangan |
| é proibido | ман етилган | man etilgan |
| é impossível | имкони йўқ | imkoni yo'q |
| incorreto (adj) | янглиш | yanglish |

| | | |
|---|---|---|
| rejeitar (~ um pedido) | рад этмоқ | rad etmoq |
| apoiar (vt) | қувватламоқ | quvvatlamoq |
| aceitar (desculpas, etc.) | қабул қилмоқ | qabul qilmoq |

| | | |
|---|---|---|
| confirmar (vt) | тасдиқламоқ | tasdiqlamoq |
| confirmação (f) | тасдиқ | tasdiq |
| permissão (f) | ижозат | ijozat |
| permitir (vt) | рухсат бермоқ | ruxsat bermoq |
| decisão (f) | қарор | qaror |
| não dizer nada | индамай турмоқ | indamay turmoq |

| | | |
|---|---|---|
| condição (com uma ~) | шарт | shart |
| pretexto (m) | баҳона | bahona |
| elogio (m) | мақтов | maqtov |
| elogiar (vt) | мақтамоқ | maqtamoq |

## 66. Sucesso. Boa sorte. Insucesso

| | | |
|---|---|---|
| êxito, sucesso (m) | муваффақият | muvaffaqiyat |
| com êxito | муваффақиятли | muvaffaqiyatli |
| bem sucedido (adj) | муваффақиятли | muvaffaqiyatli |

| | | |
|---|---|---|
| sorte (fortuna) | ютуқ | yutuq |
| Boa sorte! | Омад ёр бўлсин! | Omad yor bo'lsin! |
| de sorte | омадли | omadli |
| sortudo, felizardo (adj) | омадли | omadli |

| | | |
|---|---|---|
| fracasso (m) | муваффақияцизлик | muvaffaqiyatsizlik |
| pouca sorte (f) | омадсизлик | omadsizlik |
| azar (m), má sorte (f) | омадсизлик | omadsizlik |

| | | |
|---|---|---|
| mal sucedido (adj) | омадсиз | omadsiz |
| catástrofe (f) | ҳалокат | halokat |

| | | |
|---|---|---|
| orgulho (m) | ғурур | g'urur |
| orgulhoso (adj) | ғурурли | g'ururli |
| estar orgulhoso, -a | ғурурланмоқ | g'ururlanmoq |

| | | |
|---|---|---|
| vencedor (m) | ғолиб | g'olib |
| vencer (vi, vt) | ғолиб бўлмоқ | g'olib bo'lmoq |
| perder (vt) | ютқизмоқ | yutqizmoq |
| tentativa (f) | уриниш | urinish |
| tentar (vt) | уринмоқ | urinmoq |
| chance (m) | имконият | imkoniyat |

## 67. Conflitos. Emoções negativas

| | | |
|---|---|---|
| grito (m) | бақириқ | baqiriq |
| gritar (vi) | бақирмоқ | baqirmoq |
| começar a gritar | бақириб юбормоқ | baqirib yubormoq |
| | | |
| discussão (f) | жанжал | janjal |
| brigar (discutir) | уришиб қолмоқ | urishib qolmoq |
| escândalo (m) | жанжал | janjal |
| criar escândalo | жанжаллашмоқ | janjallashmoq |
| conflito (m) | низо | nizo |
| mal-entendido (m) | келишмовчилик | kelishmovchilik |
| | | |
| insulto (m) | ҳақорат | haqorat |
| insultar (vt) | ҳақоратламоқ | haqoratlamoq |
| insultado (adj) | ҳақоратланган | haqoratlangan |
| ofensa (f) | ранж-алам | ranj-alam |
| ofender (vt) | ранжитмоқ | ranjitmoq |
| ofender-se (vr) | ранжимоқ | ranjimoq |
| | | |
| indignação (f) | норозилик | norozilik |
| indignar-se (vr) | ғазабланмоқ | g'azablanmoq |
| queixa (f) | шикоят | shikoyat |
| queixar-se (vr) | шикоят қилмоқ | shikoyat qilmoq |
| | | |
| desculpa (f) | узр | uzr |
| desculpar-se (vr) | узр сўрамоқ | uzr so'ramoq |
| pedir perdão | кечирим сўрамоқ | kechirim so'ramoq |
| | | |
| crítica (f) | танқид | tanqid |
| criticar (vt) | танқид қилмоқ | tanqid qilmoq |
| acusação (f) | айблов | ayblov |
| acusar (vt) | айбламоқ | ayblamoq |
| | | |
| vingança (f) | қасос | qasos |
| vingar (vt) | қасос олмоқ | qasos olmoq |
| vingar-se de | аламини олмоқ | alamini olmoq |
| | | |
| desprezo (m) | жирканиш | jirkanish |
| desprezar (vt) | жирканмоқ | jirkanmoq |
| ódio (m) | нафрат | nafrat |
| odiar (vt) | нафратланмоқ | nafratlanmoq |
| | | |
| nervoso (adj) | асабий | asabiy |
| estar nervoso | асабийлашмоқ | asabiylashmoq |
| zangado (adj) | баджаҳл | badjahl |
| zangar (vt) | жаҳлини чиқармоқ | jahlini chiqarmoq |
| | | |
| humilhação (f) | таҳқирланиш | tahqirlanish |
| humilhar (vt) | таҳқирламоқ | tahqirlamoq |
| humilhar-se (vr) | ўзини хўрламоқ | o'zini xo'rlamoq |
| | | |
| choque (m) | руҳий таъсирланмоқ | ruhiy ta'sirlanmoq |
| chocar (vt) | хижолатда қолдирмоқ | xijolatda qoldirmoq |
| aborrecimento (m) | кўнгилсизлик | ko'ngilsizlik |

| | | |
|---|---|---|
| desagradável (adj) | кўнгилсиз | ko'ngilsiz |
| medo (m) | кўрқув | qo'rquv |
| terrível (tempestade, etc.) | қаттиқ | qattiq |
| assustador (ex. história ~a) | кўрқинчли | qo'rqinchli |
| horror (m) | даҳшат | dahshat |
| horrível (crime, etc.) | даҳшатли | dahshatli |
| começar a tremer | титрамоқ | titramoq |
| chorar (vi) | йиғламоқ | yig'lamoq |
| começar a chorar | йиғлаб юбормоқ | yig'lab yubormoq |
| lágrima (f) | кўз томчиси | ko'z tomchisi |
| falta (f) | гуноҳ | gunoh |
| culpa (f) | айб | ayb |
| desonra (f) | иснод | isnod |
| protesto (m) | қатъий норозилик | qat'iy norozilik |
| estresse (m) | қаттиқ ҳаяжон | qattiq hayajon |
| perturbar (vt) | безовта қилмоқ | bezovta qilmoq |
| zangar-se com ... | аччиқланмоқ | achchiqlanmoq |
| zangado (irritado) | жаҳлдор | jahldor |
| terminar (vt) | тўхтатмоқ | to'xtatmoq |
| praguejar | урушмоқ | urushmoq |
| assustar-se | чўчимоқ | cho'chimoq |
| golpear (vt) | урмоқ | urmoq |
| brigar (na rua, etc.) | муштлашмоқ | mushtlashmoq |
| resolver (o conflito) | келиштирмоқ | kelishtirmoq |
| descontente (adj) | норози | norozi |
| furioso (adj) | ғазабли | g'azabli |
| Não está bem! | Бу яхши емас! | Bu yaxshi emas! |
| É ruim! | Бу ёмон! | Bu yomon! |

# Medicina

## 68. Doenças

| | | |
|---|---|---|
| doença (f) | касаллик | kasallik |
| estar doente | касал бўлмоқ | kasal bo'lmoq |
| saúde (f) | саломатлик | salomatlik |
| | | |
| nariz (m) escorrendo | тумов | tumov |
| amigdalite (f) | ангина | angina |
| resfriado (m) | шамоллаш | shamollash |
| ficar resfriado | шамолламоқ | shamollamoq |
| | | |
| bronquite (f) | бронхит | bronxit |
| pneumonia (f) | ўпка яллигланиши | o'pka yalliglanishi |
| gripe (f) | грипп | gripp |
| | | |
| míope (adj) | узоқни кўролмайдиган | uzoqni ko'rolmaydigan |
| presbita (adj) | узоқни кўрувчи | uzoqni ko'ruvchi |
| estrabismo (m) | ғилайлик | g'ilaylik |
| estrábico, vesgo (adj) | ғилай | g'ilay |
| catarata (f) | катаракта | katarakta |
| glaucoma (m) | глаукома | glaukoma |
| | | |
| AVC (m), apoplexia (f) | инсулт | insult |
| ataque (m) cardíaco | инфаркт | infarkt |
| enfarte (m) do miocárdio | миоакард инфаркти | mioakard infarkti |
| paralisia (f) | фалажлик | falajlik |
| paralisar (vt) | фалажламоқ | falajlamoq |
| | | |
| alergia (f) | аллергия | allergiya |
| asma (f) | астма | astma |
| diabetes (f) | диабет | diabet |
| | | |
| dor (f) de dente | тиш оғриғи | tish og'rig'i |
| cárie (f) | кариес | karies |
| | | |
| diarreia (f) | диарея | diareya |
| prisão (f) de ventre | қабзият | qabziyat |
| desarranjo (m) intestinal | меъда бузилиши | me'da buzilishi |
| intoxicação (f) alimentar | заҳарланиш | zaharlanish |
| intoxicar-se | заҳарланмоқ | zaharlanmoq |
| | | |
| artrite (f) | артрит | artrit |
| raquitismo (m) | рахит | raxit |
| reumatismo (m) | бод | bod |
| arteriosclerose (f) | атеросклероз | ateroskleroz |
| | | |
| gastrite (f) | гастрит | gastrit |
| apendicite (f) | аппендецин | appendetsin |

| colecistite (f) | холецистит | xoletsistit |
| úlcera (f) | ошқозон яраси | oshqozon yarasi |

| sarampo (m) | қизамиқ | qizamiq |
| rubéola (f) | қизилча | qizilcha |
| icterícia (f) | сариқ касали | sariq kasali |
| hepatite (f) | гепатит | gepatit |

| esquizofrenia (f) | шизофрения | shizofreniya |
| raiva (f) | қутуриш | quturish |
| neurose (f) | невроз | nevroz |
| contusão (f) cerebral | миянинг чайқалиши | miyaning chayqalishi |

| câncer (m) | саратон | saraton |
| esclerose (f) | склероз | skleroz |
| esclerose (f) múltipla | паришонхотир склероз | parishonxotir skleroz |

| alcoolismo (m) | алкоголизм | alkogolizm |
| alcoólico (m) | алкоголик | alkogolik |
| sífilis (f) | сифилис | sifilis |
| AIDS (f) | ОИТС | OITS |

| tumor (m) | ўсма | o'sma |
| maligno (adj) | хавфли | xavfli |
| benigno (adj) | безарар | bezarar |
| febre (f) | иситмали қалтироқ | isitmali qaltiroq |
| malária (f) | безгак | bezgak |
| gangrena (f) | қорасон | qorason |
| enjoo (m) | денгиз касали | dengiz kasali |
| epilepsia (f) | тутқаноқ | tutqanoq |

| epidemia (f) | епидемия | epidemiya |
| tifo (m) | терлама | terlama |
| tuberculose (f) | сил | sil |
| cólera (f) | вабо | vabo |
| peste (f) bubônica | ўлат | o'lat |

## 69. Sintomas. Tratamentos. Parte 1

| sintoma (m) | симптом | simptom |
| temperatura (f) | ҳарорат | harorat |
| febre (f) | юқори ҳарорат | yuqori harorat |
| pulso (m) | пулс | puls |

| vertigem (f) | бош айланиши | bosh aylanishi |
| quente (testa, etc.) | иссиқ | issiq |
| calafrio (m) | қалтироқ | qaltiroq |
| pálido (adj) | рангпар | rangpar |

| tosse (f) | йўтал | yo'tal |
| tossir (vi) | йўталмоқ | yo'talmoq |
| espirrar (vi) | аксирмоқ | aksirmoq |
| desmaio (m) | бехушлик | behushlik |
| desmaiar (vi) | ҳушидан кетиб қолмоқ | hushidan ketib qolmoq |

| | | |
|---|---|---|
| mancha (f) preta | мӯматалоқ | mo'mataloq |
| galo (m) | ғуppa | g'urra |
| machucar-se (vr) | урилмоқ | urilmoq |
| contusão (f) | урилган жой | urilgan joy |
| machucar-se (vr) | уриб олмоқ | urib olmoq |
| | | |
| mancar (vi) | чӯлоқланиш | cho'loqlanish |
| deslocamento (f) | чиқиқ | chiqiq |
| deslocar (vt) | чиқармоқ | chiqarmoq |
| fratura (f) | синдириш | sindirish |
| fraturar (vt) | синдириб олмоқ | sindirib olmoq |
| | | |
| corte (m) | кесилган жой | kesilgan joy |
| cortar-se (vr) | кесиб олиш | kesib olish |
| hemorragia (f) | қон кетиш | qon ketish |
| | | |
| queimadura (f) | куйиш | kuyish |
| queimar-se (vr) | куймоқ | kuymoq |
| | | |
| picar (vt) | санчмоқ | sanchmoq |
| picar-se (vr) | санчиб олмоқ | sanchib olmoq |
| lesionar (vt) | яраламоқ | yaralamoq |
| lesão (m) | жароҳат | jarohat |
| ferida (f), ferimento (m) | яра | yara |
| trauma (m) | жароҳатланиш | jarohatlanish |
| | | |
| delirar (vi) | алаҳламоқ | alahlamoq |
| gaguejar (vi) | дудуқланмоқ | duduqlanmoq |
| insolação (f) | қуёш уриши | quyosh urishi |

## 70. Sintomas. Tratamentos. Parte 2

| | | |
|---|---|---|
| dor (f) | оғриқ | og'riq |
| farpa (no dedo, etc.) | зирапча | zirapcha |
| | | |
| suor (m) | тер | ter |
| suar (vi) | терламоқ | terlamoq |
| vômito (m) | қайт қилиш | qayt qilish |
| convulsões (f pl) | томир тортишиш | tomir tortishish |
| | | |
| grávida (adj) | ҳомиладор | homilador |
| nascer (vi) | туғилмоқ | tug'ilmoq |
| parto (m) | туғиш | tug'ish |
| dar à luz | туғмоқ | tug'moq |
| aborto (m) | аборт | abort |
| | | |
| respiração (f) | нафас | nafas |
| inspiração (f) | нафас олиш | nafas olish |
| expiração (f) | нафас чиқариш | nafas chiqarish |
| expirar (vi) | нафас чиқармоқ | nafas chiqarmoq |
| inspirar (vi) | нафас олмоқ | nafas olmoq |
| | | |
| inválido (m) | ногирон | nogiron |
| aleijado (m) | мажруҳ | majruh |

| | | |
|---|---|---|
| drogado (m) | гиёхванд | giyohvand |
| surdo (adj) | кар | kar |
| mudo (adj) | соқов | soqov |
| surdo-mudo (adj) | кар-соқов | kar-soqov |
| | | |
| louco, insano (adj) | жинни | jinni |
| louco (m) | жинни еркак | jinni erkak |
| louca (f) | жинни аёл | jinni ayol |
| ficar louco | ақлдан озиш | aqldan ozish |
| | | |
| gene (m) | ген | gen |
| imunidade (f) | иммунитет | immunitet |
| hereditário (adj) | ирсий | irsiy |
| congênito (adj) | туғма | tug'ma |
| | | |
| vírus (m) | вирус | virus |
| micróbio (m) | микроб | mikrob |
| bactéria (f) | бактерия | bakteriya |
| infecção (f) | инфекция | infektsiya |

## 71. Sintomas. Tratamentos. Parte 3

| | | |
|---|---|---|
| hospital (m) | касалхона | kasalxona |
| paciente (m) | даволанувчи | davolanuvchi |
| | | |
| diagnóstico (m) | ташхис | tashxis |
| cura (f) | даволаниш | davolanish |
| tratamento (m) médico | даволаш | davolash |
| curar-se (vr) | даволанмоқ | davolanmoq |
| tratar (vt) | даволамоқ | davolamoq |
| cuidar (pessoa) | қарамоқ | qaramoq |
| cuidado (m) | муолажа | muolaja |
| | | |
| operação (f) | операция | operatsiya |
| enfaixar (vt) | ярани боғламоқ | yarani bog'lamoq |
| enfaixamento (m) | ярани боғлаш | yarani bog'lash |
| | | |
| vacinação (f) | емлаш | emlash |
| vacinar (vt) | емламоқ | emlamoq |
| injeção (f) | укол | ukol |
| dar uma injeção | укол қилмоқ | ukol qilmoq |
| | | |
| ataque (~ de asma, etc.) | хуруж, тутқаноқ | xuruj, tutqanoq |
| amputação (f) | кесиб ташлаш | kesib tashlash |
| amputar (vt) | кесиб ташламоқ | kesib tashlamoq |
| coma (f) | кома | koma |
| estar em coma | кома ҳолатида бўлмоқ | koma holatida bo'lmoq |
| reanimação (f) | реанимация | reanimatsiya |
| | | |
| recuperar-se (vr) | соғайиш | sog'ayish |
| estado (~ de saúde) | аҳвол | ahvol |
| consciência (perder a ~) | хуш | hush |
| memória (f) | хотира | xotira |
| tirar (vt) | суғурмоқ | sug'urmoq |

| obturação (f) | пломба | plomba |
| obturar (vt) | пломбаламоқ | plombalamoq |

| hipnose (f) | гипноз | gipnoz |
| hipnotizar (vt) | гипноз қилмоқ | gipnoz qilmoq |

## 72. Médicos

| médico (m) | шифокор | shifokor |
| enfermeira (f) | тиббий ҳамшира | tibbiy hamshira |
| médico (m) pessoal | шахсий шифокор | shaxsiy shifokor |

| dentista (m) | тиш шифокори | tish shifokori |
| oculista (m) | кўз шифокори | ko'z shifokori |
| terapeuta (m) | терапевт | terapevt |
| cirurgião (m) | жарроҳ | jarroh |

| psiquiatra (m) | психиатр | psixiatr |
| pediatra (m) | педиатр | pediatr |
| psicólogo (m) | психолог | psixolog |
| ginecologista (m) | гинеколог | ginekolog |
| cardiologista (m) | кардиолог | kardiolog |

## 73. Medicina. Drogas. Acessórios

| medicamento (m) | дори-дармон | dori-darmon |
| remédio (m) | даволаш воситалари | davolash vositalari |
| receitar (vt) | ёзиб бермоқ | yozib bermoq |
| receita (f) | рецепт | retsept |

| comprimido (m) | таблетка дори | tabletka dori |
| unguento (m) | малҳам дори | malham dori |
| ampola (f) | ампула | ampula |
| solução, preparado (m) | суюқ дори | suyuq dori |
| xarope (m) | қиём | qiyom |
| cápsula (f) | ҳапдори | hapdori |
| pó (m) | кукун дори | kukun dori |

| atadura (f) | бинт | bint |
| algodão (m) | пахта | paxta |
| iodo (m) | ёд | yod |

| curativo (m) adesivo | пластир | plastir |
| conta-gotas (m) | доритомизгич | doritomizgich |
| termômetro (m) | тиббий термометр | tibbiy termometr |
| seringa (f) | шприц | shprits |

| cadeira (f) de rodas | аравача | aravacha |
| muletas (f pl) | қўлтиқтаёқ | qo'ltiqtayoq |

| analgésico (m) | оғриқсизлантирувчи | og'riqsizlantiruvchi |
| laxante (m) | сурги дори | surgi dori |

| álcool (m) | спирт | spirt |
| ervas (f pl) medicinais | доривор ўт | dorivor o't |
| de ervas (chá ~) | ўтли | o'tli |

## 74. Fumar. Produtos tabágicos

| tabaco (m) | тамаки | tamaki |
| cigarro (m) | сигарета | sigareta |
| charuto (m) | сигара | sigara |
| cachimbo (m) | трубка | trubka |
| maço (~ de cigarros) | кути | quti |

| fósforos (m pl) | гугурт | gugurt |
| caixa (f) de fósforos | гугурт кутиси | gugurt qutisi |
| isqueiro (m) | зажигалка | zajigalka |
| cinzeiro (m) | кулдон | kuldon |
| cigarreira (f) | порцигар | portsigar |

| piteira (f) | мундштук | mundshtuk |
| filtro (m) | филтр | filtr |

| fumar (vi, vt) | чекмоқ | chekmoq |
| acender um cigarro | чека бошламоқ | cheka boshlamoq |
| tabagismo (m) | чекиш | chekish |
| fumante (m) | кашанда одам | kashanda odam |

| bituca (f) | чекиб ташланган сигарета | chekib tashlangan sigareta |
| fumaça (f) | тутун | tutun |
| cinza (f) | кул | kul |

# HABITAT HUMANO

## Cidade

## 75. Cidade. Vida na cidade

| | | |
|---|---|---|
| cidade (f) | шаҳар | shahar |
| capital (f) | пойтахт | poytaxt |
| aldeia (f) | қишлоқ | qishloq |
| | | |
| mapa (m) da cidade | шаҳар чизмаси | shahar chizmasi |
| centro (m) da cidade | шаҳар маркази | shahar markazi |
| subúrbio (m) | шаҳарга туташ ҳудуд | shaharga tutash hudud |
| suburbano (adj) | шаҳар атрофидаги | shahar atrofidagi |
| | | |
| periferia (f) | чекка | chekka |
| arredores (m pl) | теварак атрофдаги ҳудудлар | tevarak atrofdagi hududlar |
| quarteirão (m) | даҳа | daha |
| quarteirão (m) residencial | турар-жой даҳаси | turar-joy dahasi |
| | | |
| tráfego (m) | ҳаракат | harakat |
| semáforo (m) | светофор | svetofor |
| transporte (m) público | шаҳар транспорти | shahar transporti |
| cruzamento (m) | чорраҳа | chorraha |
| | | |
| faixa (f) | ўтиш йўли | o'tish yo'li |
| túnel (m) subterrâneo | ер ости ўтиш йўли | er osti o'tish yo'li |
| cruzar, atravessar (vt) | ўтиш | o'tish |
| pedestre (m) | йўловчи | yo'lovchi |
| calçada (f) | йўлка | yo'lka |
| | | |
| ponte (f) | кўприк | ko'prik |
| margem (f) do rio | сув бўйидаги кўча | suv bo'yidagi ko'cha |
| fonte (f) | фонтан | fontan |
| | | |
| alameda (f) | хиёбон | xiyobon |
| parque (m) | боғ | bog' |
| bulevar (m) | булвар | bulvar |
| praça (f) | майдон | maydon |
| avenida (f) | шоҳ кўча | shoh ko'cha |
| rua (f) | кўча | ko'cha |
| travessa (f) | тор кўча | tor ko'cha |
| beco (m) sem saída | боши берк кўча | boshi berk ko'cha |
| | | |
| casa (f) | уй | uy |
| edifício, prédio (m) | бино | bino |
| arranha-céu (m) | осмонўпар бино | osmono'par bino |
| fachada (f) | фасад | fasad |

| | | |
|---|---|---|
| telhado (m) | том | tom |
| janela (f) | дераза | deraza |
| arco (m) | равоқ | ravoq |
| coluna (f) | устун | ustun |
| esquina (f) | бурчак | burchak |
| | | |
| vitrine (f) | витрина | vitrina |
| letreiro (m) | вивеска | viveska |
| cartaz (do filme, etc.) | афиша | afisha |
| cartaz (m) publicitário | реклама плакати | reklama plakati |
| painel (m) publicitário | реклама шчити | reklama shchiti |
| | | |
| lixo (m) | ахлат | axlat |
| lata (f) de lixo | ахлатдон | axlatdon |
| jogar lixo na rua | ифлос қилмоқ | iflos qilmoq |
| aterro (m) sanitário | ахлатхона | axlatxona |
| | | |
| orelhão (m) | телефон будкаси | telefon budkasi |
| poste (m) de luz | фонар осиладиган столба | fonar osiladigan stolba |
| banco (m) | скамейка | skameyka |
| | | |
| polícia (m) | полициячи | politsiyachi |
| polícia (instituição) | полиция | politsiya |
| mendigo, pedinte (m) | гадой | gadoy |
| desabrigado (m) | бошпанасиз | boshpanasiz |

## 76. Instituições urbanas

| | | |
|---|---|---|
| loja (f) | дўкон | do'kon |
| drogaria (f) | дорихона | dorixona |
| ótica (f) | оптика | optika |
| centro (m) comercial | савдо маркази | savdo markazi |
| supermercado (m) | супермаркет | supermarket |
| | | |
| padaria (f) | нон дўкони | non do'koni |
| padeiro (m) | новвой | novvoy |
| pastelaria (f) | қандолат дўкони | qandolat do'koni |
| mercearia (f) | баққоллик | baqqollik |
| açougue (m) | гўшт дўкони | go'sht do'koni |
| | | |
| fruteira (f) | сабзавот дўкони | sabzavot do'koni |
| mercado (m) | бозор | bozor |
| | | |
| cafeteria (f) | кафе | kafe |
| restaurante (m) | ресторан | restoran |
| bar (m) | пивохона | pivoxona |
| pizzaria (f) | пиццерия | pitstseriya |
| | | |
| salão (m) de cabeleireiro | сартарошхона | sartaroshxona |
| agência (f) dos correios | почта | pochta |
| lavanderia (f) | химчистка | ximchistka |
| estúdio (m) fotográfico | фотоателе | fotoatele |
| sapataria (f) | пояфзал дўкони | poyafzal do'koni |
| livraria (f) | китоб дўкони | kitob do'koni |

| | | |
|---|---|---|
| loja (f) de artigos esportivos | спорт анжомлари дўкони | sport anjomlari do'koni |
| costureira (m) | кийим таъмири | kiyim ta'miri |
| aluguel (m) de roupa | кийимни ижарага бериш | kiyimni ijaraga berish |
| videolocadora (f) | филмларни ижарага бериш | filmlarni ijaraga berish |

| | | |
|---|---|---|
| circo (m) | сирк | sirk |
| jardim (m) zoológico | ҳайвонот боғи | hayvonot bog'i |
| cinema (m) | кинотеатр | kinoteatr |
| museu (m) | музей | muzey |
| biblioteca (f) | кутубхона | kutubxona |

| | | |
|---|---|---|
| teatro (m) | театр | teatr |
| ópera (f) | опера | opera |
| boate (casa noturna) | тунги клуб | tungi klub |
| cassino (m) | казино | kazino |

| | | |
|---|---|---|
| mesquita (f) | мачит | machit |
| sinagoga (f) | синагога | sinagoga |
| catedral (f) | бош черков | bosh cherkov |
| templo (m) | ибодатхона | ibodatxona |
| igreja (f) | черков | cherkov |

| | | |
|---|---|---|
| faculdade (f) | институт | institut |
| universidade (f) | университет | universitet |
| escola (f) | мактаб | maktab |

| | | |
|---|---|---|
| prefeitura (f) | префектура | prefektura |
| câmara (f) municipal | мерия | meriya |
| hotel (m) | меҳмонхона | mehmonxona |
| banco (m) | банк | bank |

| | | |
|---|---|---|
| embaixada (f) | елчихона | elchixona |
| agência (f) de viagens | сайёҳлик агентлиги | sayyohlik agentligi |
| agência (f) de informações | маълумотхона | ma'lumotxona |
| casa (f) de câmbio | алмаштириш шохобчаси | almashtirish shoxobchasi |

| | | |
|---|---|---|
| metrô (m) | метро | metro |
| hospital (m) | касалхона | kasalxona |

| | | |
|---|---|---|
| posto (m) de gasolina | бензин қуйиш шохобчаси | benzin quyish shoxobchasi |
| parque (m) de estacionamento | тўхташ жойи | to'xtash joyi |

## 77. Transportes urbanos

| | | |
|---|---|---|
| ônibus (m) | автобус | avtobus |
| bonde (m) elétrico | трамвай | tramvay |
| trólebus (m) | троллейбус | trolleybus |
| rota (f), itinerário (m) | маршрут | marshrut |
| número (m) | рақам | raqam |

| | | |
|---|---|---|
| ir de ... (carro, etc.) | ... да бормоқ | ... da bormoq |
| entrar no ... | ўтирмоқ | o'tirmoq |
| descer do ... | тушиб қолмоқ | tushib qolmoq |

| parada (f) | бекат | bekat |
| próxima parada (f) | кейинги бекат | keyingi bekat |
| terminal (m) | охирги бекат | oxirgi bekat |
| horário (m) | жадвал | jadval |
| esperar (vt) | кутмоқ | kutmoq |

| passagem (f) | чипта | chipta |
| tarifa (f) | чипта нархи | chipta narxi |

| bilheteiro (m) | кассачи | kassachi |
| controle (m) de passagens | назорат | nazorat |
| revisor (m) | назоратчи | nazoratchi |

| atrasar-se (vr) | кечга қолмоқ | kechga qolmoq |
| perder (o autocarro, etc.) | ... га кечга қолмоқ | ... ga kechga qolmoq |
| estar com pressa | шошмоқ | shoshmoq |

| táxi (m) | такси | taksi |
| taxista (m) | таксичи | taksichi |
| de táxi (ir ~) | таксида | taksida |
| ponto (m) de táxis | такси тўхташ жойи | taksi to'xtash joyi |
| chamar um táxi | такси чақирмоқ | taksi chaqirmoq |
| pegar um táxi | такси олмоқ | taksi olmoq |

| tráfego (m) | кўча ҳаракати | ko'cha harakati |
| engarrafamento (m) | тирбандлик | tirbandlik |
| horas (f pl) de pico | тиғиз пайт | tig'iz payt |
| estacionar (vi) | жойлаштирмоқ | joylashtirmoq |
| estacionar (vt) | жойлаштирмоқ | joylashtirmoq |
| parque (m) de estacionamento | тўхташ жойи | to'xtash joyi |

| metrô (m) | метро | metro |
| estação (f) | станция | stantsiya |
| ir de metrô | метрода юрмоқ | metroda yurmoq |
| trem (m) | поезд | poezd |
| estação (f) de trem | вокзал | vokzal |

## 78. Turismo

| monumento (m) | ҳайкал | haykal |
| fortaleza (f) | қалъа | qal'a |
| palácio (m) | сарой | saroy |
| castelo (m) | қаср | qasr |
| torre (f) | минора | minora |
| mausoléu (m) | мақбара | maqbara |

| arquitetura (f) | меъморчилик | me'morchilik |
| medieval (adj) | ўрта асрларга оид | o'rta asrlarga oid |
| antigo (adj) | қадимги | qadimgi |
| nacional (adj) | миллий | milliy |
| famoso, conhecido (adj) | таниқли | taniqli |

| turista (m) | сайёҳ | sayyoh |
| guia (pessoa) | гид | gid |

| | | |
|---|---|---|
| excursão (f) | екскурсия | ekskursiya |
| mostrar (vt) | кўрсатмоқ | ko'rsatmoq |
| contar (vt) | сўзлаб бермоқ | so'zlab bermoq |

| | | |
|---|---|---|
| encontrar (vt) | топмоқ | topmoq |
| perder-se (vr) | йўқолмоқ | yo'qolmoq |
| mapa (~ do metrô) | схема | sxema |
| mapa (~ da cidade) | чизма | chizma |

| | | |
|---|---|---|
| lembrança (f), presente (m) | ёдгорлик | yodgorlik |
| loja (f) de presentes | ёдгорликлар дўкони | yodgorliklar do'koni |
| tirar fotos, fotografar | фотосурат олмоқ | fotosurat olmoq |
| fotografar-se (vr) | суратга тушмоқ | suratga tushmoq |

## 79. Compras

| | | |
|---|---|---|
| comprar (vt) | харид қилмоқ | xarid qilmoq |
| compra (f) | харид | xarid |
| fazer compras | буюмларни харид қилмоқ | buyumlarni xarid qilmoq |
| compras (f pl) | шоппинг | shopping |

| | | |
|---|---|---|
| estar aberta (loja) | ишламоқ | ishlamoq |
| estar fechada | ёпилмоқ | yopilmoq |

| | | |
|---|---|---|
| calçado (m) | пояфзал | poyafzal |
| roupa (f) | кийим | kiyim |
| cosméticos (m pl) | косметика | kosmetika |
| alimentos (m pl) | маҳсулотлар | mahsulotlar |
| presente (m) | совға | sovg'a |

| | | |
|---|---|---|
| vendedor (m) | сотувчи | sotuvchi |
| vendedora (f) | сотувчи | sotuvchi |

| | | |
|---|---|---|
| caixa (f) | касса | kassa |
| espelho (m) | кўзгу | ko'zgu |
| balcão (m) | пештахта | peshtaxta |
| provador (m) | кийиб кўриш кабинаси | kiyib ko'rish kabinasi |

| | | |
|---|---|---|
| provar (vt) | кийиб кўриш | kiyib ko'rish |
| servir (roupa, caber) | лойиқ келмоқ | loyiq kelmoq |
| gostar (apreciar) | ёқмоқ | yoqmoq |

| | | |
|---|---|---|
| preço (m) | нарх | narx |
| etiqueta (f) de preço | нархкўрсаткич | narxko'rsatkich |
| custar (vt) | нархга эга бўлмоқ | narxga ega bo'lmoq |
| Quanto? | Қанча? | Qancha? |
| desconto (m) | нархни камайтириш | narxni kamaytirish |

| | | |
|---|---|---|
| não caro (adj) | қиммат эмас | qimmat emas |
| barato (adj) | арзон | arzon |
| caro (adj) | қиммат | qimmat |
| É caro | Бу қиммат. | Bu qimmat. |
| aluguel (m) | ижарага олиш | ijaraga olish |
| alugar (roupas, etc.) | ижарага олмоқ | ijaraga olmoq |

| crédito (m) | кредит | kredit |
| a crédito | кредитга олиш | kreditga olish |

## 80. Dinheiro

| dinheiro (m) | пул | pul |
| câmbio (m) | алмаштириш | almashtirish |
| taxa (f) de câmbio | курс | kurs |
| caixa (m) eletrônico | банкомат | bankomat |
| moeda (f) | танга | tanga |

| dólar (m) | доллар | dollar |
| euro (m) | евро | evro |

| lira (f) | лира | lira |
| marco (m) | марка | marka |
| franco (m) | франк | frank |
| libra (f) esterlina | фунт стерлинг | funt sterling |
| iene (m) | йена | yena |

| dívida (f) | қарз | qarz |
| devedor (m) | қарздор | qarzdor |
| emprestar (vt) | қарз бермоқ | qarz bermoq |
| pedir emprestado | қарз олмоқ | qarz olmoq |

| banco (m) | банк | bank |
| conta (f) | ҳисоб рақам | hisob raqam |
| depositar (vt) | қўймоқ | qo'ymoq |
| depositar na conta | ҳисоб-рақамга қўймоқ | hisob-raqamga qo'ymoq |
| sacar (vt) | ҳисоб-рақамдан олмоқ | hisob-raqamdan olmoq |

| cartão (m) de crédito | кредит картаси | kredit kartasi |
| dinheiro (m) vivo | нақд пул | naqd pul |
| cheque (m) | чек | chek |
| passar um cheque | чек ёзиб бермоқ | chek yozib bermoq |
| talão (m) de cheques | чек дафтарчаси | chek daftarchasi |

| carteira (f) | кармон | karmon |
| niqueleira (f) | ҳамён | hamyon |
| cofre (m) | сейф | seyf |

| herdeiro (m) | меросхўр | merosxo'r |
| herança (f) | мерос | meros |
| fortuna (riqueza) | бойлик | boylik |

| arrendamento (m) | ижара | ijara |
| aluguel (pagar o ~) | турар-жой ҳақи | turar-joy haqi |
| alugar (vt) | ижарага олмоқ | ijaraga olmoq |

| preço (m) | нарх | narx |
| custo (m) | қиймат | qiymat |
| soma (f) | сумма | summa |
| gastar (vt) | сарфламоқ | sarflamoq |
| gastos (m pl) | харажатлар | xarajatlar |

| | | |
|---|---|---|
| economizar (vi) | тежамоқ | tejamoq |
| econômico (adj) | тежамкор | tejamkor |
| | | |
| pagar (vt) | тўламоқ | to'lamoq |
| pagamento (m) | тўлов | to'lov |
| troco (m) | қайтим | qaytim |
| | | |
| imposto (m) | солиқ | soliq |
| multa (f) | жарима | jarima |
| multar (vt) | жарима солмоқ | jarima solmoq |

## 81. Correios. Serviço postal

| | | |
|---|---|---|
| agência (f) dos correios | почта | pochta |
| correio (m) | почта | pochta |
| carteiro (m) | хат ташувчи | xat tashuvchi |
| horário (m) | иш соатлари | ish soatlari |
| | | |
| carta (f) | хат | xat |
| carta (f) registada | буюртма хат | buyurtma xat |
| cartão (m) postal | откритка | otkritka |
| telegrama (m) | телеграмма | telegramma |
| encomenda (f) | посилка | posilka |
| transferência (f) de dinheiro | пул ўтказиш | pul o'tkazish |
| | | |
| receber (vt) | олмоқ | olmoq |
| enviar (vt) | жўнатмоқ | jo'natmoq |
| envio (m) | жўнатиш | jo'natish |
| | | |
| endereço (m) | манзил | manzil |
| código (m) postal | индекс | indeks |
| remetente (m) | юборувчи | yuboruvchi |
| destinatário (m) | олувчи | oluvchi |
| | | |
| nome (m) | исм | ism |
| sobrenome (m) | фамилия | familiya |
| | | |
| tarifa (f) | тариф | tarif |
| ordinário (adj) | оддий | oddiy |
| econômico (adj) | тежамли | tejamli |
| | | |
| peso (m) | вазн | vazn |
| pesar (estabelecer o peso) | вазн ўлчамоқ | vazn o'lchamoq |
| envelope (m) | конверт | konvert |
| selo (m) postal | марка | marka |
| colar o selo | марка ёпиштирмоқ | marka yopishtirmoq |

# Moradia. Casa. Lar

## 82. Casa. Habitação

| | | |
|---|---|---|
| casa (f) | уй | uy |
| em casa | уйида | uyida |
| pátio (m), quintal (f) | ховли | hovli |
| cerca, grade (f) | панжара | panjara |
| | | |
| tijolo (m) | ғишт | g'isht |
| de tijolos | ғиштин | g'ishtin |
| pedra (f) | тош | tosh |
| de pedra | тош | tosh |
| concreto (m) | бетон | beton |
| concreto (adj) | бетондан қилинган | betondan qilingan |
| | | |
| novo (adj) | янги | yangi |
| velho (adj) | ески | eski |
| decrépito (adj) | кўхна | ko'hna |
| moderno (adj) | замонавий | zamonaviy |
| de vários andares | кўп қаватли | ko'p qavatli |
| alto (adj) | баланд | baland |
| | | |
| andar (m) | қават | qavat |
| de um andar | бир қаватли | bir qavatli |
| | | |
| térreo (m) | қуйи қават | quyi qavat |
| andar (m) de cima | юқори қават | yuqori qavat |
| | | |
| telhado (m) | том | tom |
| chaminé (f) | қувур | quvur |
| | | |
| telha (f) | черепица | cherepitsa |
| de telha | черепицали | cherepitsali |
| sótão (m) | чердак | cherdak |
| | | |
| janela (f) | дераза | deraza |
| vidro (m) | ойна | oyna |
| | | |
| parapeito (m) | токча | tokcha |
| persianas (f pl) | дераза ешиги | deraza eshigi |
| | | |
| parede (f) | девор | devor |
| varanda (f) | балкон | balkon |
| calha (f) | тарнов | tarnov |
| | | |
| em cima | юқорида | yuqorida |
| subir (vi) | кўтарилмоқ | ko'tarilmoq |
| descer (vi) | тушмоқ | tushmoq |
| mudar-se (vr) | кўчиб ўтмоқ | ko'chib o'tmoq |

## 83. Casa. Entrada. Elevador

| | | |
|---|---|---|
| entrada (f) | подъезд | pod'ezd |
| escada (f) | зинапоя | zinapoya |
| degraus (m pl) | пиллапоялар | pillapoyalar |
| corrimão (m) | тўсиқ-панжара | to'siq-panjara |
| hall (m) de entrada | холл | xoll |
| | | |
| caixa (f) de correio | почта қутиси | pochta qutisi |
| lata (f) do lixo | ахлат қутиси | axlat qutisi |
| calha (f) de lixo | ахлат тортадиган қувур | axlat tortadigan quvur |
| | | |
| elevador (m) | лифт | lift |
| elevador (m) de carga | юк кўтарувчи лифт | yuk ko'taruvchi lift |
| cabine (f) | кабина | kabina |
| pegar o elevador | лифтда юрмоқ | liftda yurmoq |
| | | |
| apartamento (m) | хонадон | xonadon |
| residentes (pl) | истиқомат қилувчилар | istiqomat qiluvchilar |
| vizinho (m) | қўшни | qo'shni |
| vizinha (f) | қўшни | qo'shni |
| vizinhos (pl) | қўшнилар | qo'shnilar |

## 84. Casa. Portas. Fechaduras

| | | |
|---|---|---|
| porta (f) | ешик | eshik |
| portão (m) | дарвоза | darvoza |
| maçaneta (f) | тутқич | tutqich |
| destrancar (vt) | очмоқ | ochmoq |
| abrir (vt) | очмоқ | ochmoq |
| fechar (vt) | ёпмоқ | yopmoq |
| | | |
| chave (f) | калит | kalit |
| molho (m) | даста | dasta |
| ranger (vi) | ғижирламоқ | g'ijirlamoq |
| rangido (m) | ғижирлаш | g'ijirlash |
| dobradiça (f) | ошиқ-мошиқ | oshiq-moshiq |
| capacho (m) | гиламча | gilamcha |
| | | |
| fechadura (f) | қулф | qulf |
| buraco (m) da fechadura | қулф тешиги | qulf teshigi |
| barra (f) | лўкидон | lo'kidon |
| fecho (ferrolho pequeno) | зулфин | zulfin |
| cadeado (m) | осма қулф | osma qulf |
| | | |
| tocar (vt) | қўнғироқ қилмоқ | qo'ng'iroq qilmoq |
| toque (m) | қўнғироқ | qo'ng'iroq |
| campainha (f) | қўнғироқ | qo'ng'iroq |
| botão (m) | тугма | tugma |
| batida (f) | тақиллаш | taqillash |
| bater (vi) | тақиллатмоқ | taqillatmoq |
| código (m) | код | kod |
| fechadura (f) de código | кодли қулф | kodli qulf |

| | | |
|---|---|---|
| interfone (m) | домофон | domofon |
| número (m) | тартиб рақами | tartib raqami |
| placa (f) de porta | тахтача | taxtacha |
| olho (m) mágico | туйнукча | tuynukcha |

## 85. Casa de campo

| | | |
|---|---|---|
| aldeia (f) | қишлоқ | qishloq |
| horta (f) | полиз | poliz |
| | | |
| cerca (f) | тўсиқ | to'siq |
| cerca (f) de piquete | шох девор | shox devor |
| portão (f) do jardim | боғ эшиги | bog' eshigi |
| | | |
| celeiro (m) | омбор | ombor |
| adega (f) | ертўла | erto'la |
| galpão, barracão (m) | омборхона | omborxona |
| poço (m) | қудуқ | quduq |
| | | |
| fogão (m) | печка | pechka |
| atiçar o fogo | ўт ёқмоқ | o't yoqmoq |
| | | |
| lenha (carvão ou ~) | ўтин | o'tin |
| acha, lenha (f) | тараша | tarasha |
| | | |
| varanda (f) | айвон | ayvon |
| alpendre (m) | айвон | ayvon |
| degraus (m pl) de entrada | эшик олди | eshik oldi |
| balanço (m) | арғимчоқ | arg'imchoq |

## 86. Castelo. Palácio

| | | |
|---|---|---|
| castelo (m) | қаср | qasr |
| palácio (m) | сарой | saroy |
| fortaleza (f) | қалъа | qal'a |
| | | |
| muralha (f) | девор | devor |
| torre (f) | минора | minora |
| calabouço (m) | бош минора | bosh minora |
| | | |
| grade (f) levadiça | кўтарма дарвоза | ko'tarma darvoza |
| passagem (f) subterrânea | ерости йўли | erosti yo'li |
| fosso (m) | хандақ | xandaq |
| | | |
| corrente, cadeia (f) | занжир | zanjir |
| seteira (f) | туйнук | tuynuk |
| | | |
| magnífico (adj) | дабдабали | dabdabali |
| majestoso (adj) | маҳобатли | mahobatli |
| | | |
| inexpugnável (adj) | мустаҳкам | mustahkam |
| medieval (adj) | ўрта асрларга оид | o'rta asrlarga oid |

## 87. Apartamento

| apartamento (m) | хонадон | xonadon |
| quarto, cômodo (m) | хона | xona |
| quarto (m) de dormir | ётоқхона | yotoqxona |
| sala (f) de jantar | йемакхона | yemakxona |
| sala (f) de estar | меҳмонхона | mehmonxona |
| escritório (m) | кабинет | kabinet |
| | | |
| sala (f) de entrada | даҳлиз | dahliz |
| banheiro (m) | ваннахона | vannaxona |
| lavabo (m) | ҳожатхона | hojatxona |
| | | |
| teto (m) | шип | ship |
| chão, piso (m) | пол | pol |
| canto (m) | бурчак | burchak |

## 88. Apartamento. Limpeza

| arrumar, limpar (vt) | йиғиштирмоқ | yig'ishtirmoq |
| guardar (no armário, etc.) | олиб қўймоқ | olib qo'ymoq |
| pó (m) | чанг | chang |
| empoeirado (adj) | чанг босган | chang bosgan |
| tirar o pó | чангни артмоқ | changni artmoq |
| aspirador (m) | чангютгич | changyutgich |
| aspirar (vt) | чангютгич билан чанг ютмоқ | changyutgich bilan chang yutmoq |
| | | |
| varrer (vt) | супурмоқ | supurmoq |
| sujeira (f) | ахлат | axlat |
| arrumação, ordem (f) | саранжомлик | saranjomlik |
| desordem (f) | бетартиблик | betartiblik |
| | | |
| esfregão (m) | швабра | shvabra |
| pano (m), trapo (m) | латта | latta |
| vassoura (f) | супурги | supurgi |
| pá (f) de lixo | хокандоз | xokandoz |

## 89. Mobiliário. Interior

| mobiliário (m) | мебел | mebel |
| mesa (f) | стол | stol |
| cadeira (f) | стул | stul |
| cama (f) | каравот | karavot |
| sofá, divã (m) | диван | divan |
| poltrona (f) | кресло | kreslo |
| | | |
| estante (f) | жавон | javon |
| prateleira (f) | полка | polka |
| guarda-roupas (m) | шкаф | shkaf |
| cabide (m) de parede | кийим илгич | kiyim ilgich |

| | | |
|---|---|---|
| cabideiro (m) de pé | кийим илгич | kiyim ilgich |
| cômoda (f) | комод | komod |
| mesinha (f) de centro | журнал столи | jurnal stoli |
| | | |
| espelho (m) | кўзгу | ko'zgu |
| tapete (m) | гилам | gilam |
| tapete (m) pequeno | гиламча | gilamcha |
| | | |
| lareira (f) | камин | kamin |
| vela (f) | шам | sham |
| castiçal (m) | шамдон | shamdon |
| | | |
| cortinas (f pl) | дарпарда | darparda |
| papel (m) de parede | гулқоғоз | gulqog'oz |
| persianas (f pl) | дарпарда | darparda |
| | | |
| luminária (f) de mesa | стол чироғи | stol chirog'i |
| luminária (f) de parede | чироқ | chiroq |
| abajur (m) de pé | торшер | torsher |
| lustre (m) | қандил | qandil |
| | | |
| pé (de mesa, etc.) | оёқ | oyoq |
| braço, descanso (m) | тирсаклагич | tirsaklagich |
| costas (f pl) | суянчиқ | suyanchiq |
| gaveta (f) | ғаладон | g'aladon |

## 90. Quarto de dormir

| | | |
|---|---|---|
| roupa (f) de cama | чойшаб | choyshab |
| travesseiro (m) | ёстиқ | yostiq |
| fronha (f) | ёстиқ жилди | yostiq jildi |
| cobertor (m) | адёл | adyol |
| lençol (m) | чойшаб | choyshab |
| colcha (f) | ўрин ёпинғичи | o'rin yoping'ichi |

## 91. Cozinha

| | | |
|---|---|---|
| cozinha (f) | ошхона | oshxona |
| gás (m) | газ | gaz |
| fogão (m) a gás | газ плитаси | gaz plitasi |
| fogão (m) elétrico | електр плитаси | elektr plitasi |
| forno (m) | духовка | duxovka |
| forno (m) de micro-ondas | микротўлқин печи | mikroto'lqin pechi |
| | | |
| geladeira (f) | совутгич | sovutgich |
| congelador (m) | музлатгич | muzlatgich |
| máquina (f) de lavar louça | идиш-товоқ | idish-tovoq |
| | ювиш машинаси | yuvish mashinasi |
| | | |
| moedor (m) de carne | гўштқиймалагич | go'shtqiymalagich |
| espremedor (m) | шарбациққич | sharbatsiqqich |
| torradeira (f) | тостер | toster |

| batedeira (f) | миксер | mikser |
| máquina (f) de café | кофе қайнатадиган асбоб | kofe qaynatadigan asbob |
| cafeteira (f) | кофе қайнатадиган идиш | kofe qaynatadigan idish |
| moedor (m) de café | кофе туядиган асбоб | kofe tuyadigan asbob |

| chaleira (f) | чойнак | choynak |
| bule (m) | чойнак | choynak |
| tampa (f) | қопқоқ | qopqoq |
| coador (m) de chá | сузгич | suzgich |

| colher (f) | қошиқ | qoshiq |
| colher (f) de chá | чой қошиғи | choy qoshig'i |
| colher (f) de sopa | ош қошиғи | osh qoshig'i |
| garfo (m) | санчқи | sanchqi |
| faca (f) | пичоқ | pichoq |

| louça (f) | идиш-товоқ | idish-tovoq |
| prato (m) | тарелка | tarelka |
| pires (m) | ликопча | likopcha |

| cálice (m) | қадаҳ | qadah |
| copo (m) | стакан | stakan |
| xícara (f) | косача | kosacha |

| açucareiro (m) | қанддон | qanddon |
| saleiro (m) | туздон | tuzdon |
| pimenteiro (m) | мурчдон | murchdon |
| manteigueira (f) | мой идиши | moy idishi |

| panela (f) | кастрюл | kastryul |
| frigideira (f) | това | tova |
| concha (f) | чўмич | cho'mich |
| coador (m) | човли | chovli |
| bandeja (f) | патнис | patnis |

| garrafa (f) | бутилка | butilka |
| pote (m) de vidro | банка | banka |
| lata (~ de cerveja) | банка | banka |

| abridor (m) de garrafa | очқич | ochqich |
| abridor (m) de latas | очқич | ochqich |
| saca-rolhas (m) | штопор | shtopor |
| filtro (m) | филтр | filtr |
| filtrar (vt) | филтрлаш | filtrlash |

| lixo (m) | ахлат | axlat |
| lixeira (f) | ахлат челак | axlat chelak |

## 92. Casa de banho

| banheiro (m) | ваннахона | vannaxona |
| água (f) | сув | suv |
| torneira (f) | жўмрак | jo'mrak |
| água (f) quente | иссиқ сув | issiq suv |

| | | |
|---|---|---|
| água (f) fria | совуқ сув | sovuq suv |
| pasta (f) de dente | тиш пастаси | tish pastasi |
| escovar os dentes | тиш тозаламоқ | tish tozalamoq |
| escova (f) de dente | тиш чўткаси | tish cho'tkasi |
| | | |
| barbear-se (vr) | соқол олмоқ | soqol olmoq |
| espuma (f) de barbear | соқол олиш учун кўпик | soqol olish uchun ko'pik |
| gilete (f) | устара | ustara |
| | | |
| lavar (vt) | ювмоқ | yuvmoq |
| tomar banho | ювинмоқ | yuvinmoq |
| chuveiro (m), ducha (f) | душ | dush |
| tomar uma ducha | душ қабул қилиш | dush qabul qilish |
| | | |
| banheira (f) | ванна | vanna |
| vaso (m) sanitário | унитаз | unitaz |
| pia (f) | раковина | rakovina |
| | | |
| sabonete (m) | совун | sovun |
| saboneteira (f) | совун қути | sovun quti |
| | | |
| esponja (f) | губка | gubka |
| xampu (m) | шампун | shampun |
| toalha (f) | сочиқ | sochiq |
| roupão (m) de banho | халат | xalat |
| | | |
| lavagem (f) | кир ювиш | kir yuvish |
| lavadora (f) de roupas | кир ювиш машинаси | kir yuvish mashinasi |
| lavar a roupa | кир ювмоқ | kir yuvmoq |
| detergente (m) | кир ювиш порошоги | kir yuvish poroshogi |

## 93. Eletrodomésticos

| | | |
|---|---|---|
| televisor (m) | телевизор | televizor |
| gravador (m) | магнитофон | magnitofon |
| videogravador (m) | видеомагнитофон | videomagnitofon |
| rádio (m) | приёмник | priyomnik |
| leitor (m) | плеер | pleer |
| | | |
| projetor (m) | видеопроектор | videoproektor |
| cinema (m) em casa | уй кинотеатри | uy kinoteatri |
| DVD Player (m) | ДВД проигрив、атели | DVD proigrivateli |
| amplificador (m) | кучайтиргич | kuchaytirgich |
| console (f) de jogos | ўйин приставкаси | o'yin pristavkasi |
| | | |
| câmera (f) de vídeo | видеокамера | videokamera |
| máquina (f) fotográfica | фотоаппарат | fotoapparat |
| câmera (f) digital | рақамли фотоаппарат | raqamli fotoapparat |
| | | |
| aspirador (m) | чангютгич | changyutgich |
| ferro (m) de passar | дазмол | dazmol |
| tábua (f) de passar | дазмол тахта | dazmol taxta |
| telefone (m) | телефон | telefon |
| celular (m) | мобил телефон | mobil telefon |

| | | |
|---|---|---|
| máquina (f) de escrever | ёзув машинкаси | yozuv mashinkasi |
| máquina (f) de costura | тикув машинкаси | tikuv mashinkasi |
| | | |
| microfone (m) | микрофон | mikrofon |
| fone (m) de ouvido | наушниклар | naushniklar |
| controle remoto (m) | пулт | pult |
| | | |
| CD (m) | СД-диск | CD-disk |
| fita (f) cassete | кассета | kasseta |
| disco (m) de vinil | пластинка | plastinka |

## 94. Reparações. Renovação

| | | |
|---|---|---|
| renovação (f) | таъмир | ta'mir |
| renovar (vt), fazer obras | таъмир қилмоқ | ta'mir qilmoq |
| reparar (vt) | таъмирламоқ | ta'mirlamoq |
| consertar (vt) | тартибга келтирмоқ | tartibga keltirmoq |
| refazer (vt) | қайтадан қилмоқ | qaytadan qilmoq |
| | | |
| tinta (f) | бўёқ | bo'yoq |
| pintar (vt) | бўямоқ | bo'yamoq |
| pintor (m) | бўёқчи | bo'yoqchi |
| pincel (m) | чўтка | cho'tka |
| | | |
| cal (f) | оҳак | ohak |
| caiar (vt) | оҳаклаш | ohaklash |
| | | |
| papel (m) de parede | гулқоғоз | gulqog'oz |
| colocar papel de parede | гулқоғоз ёпиштирмоқ | gulqog'oz yopishtirmoq |
| verniz (m) | лок | lok |
| envernizar (vt) | локламоқ | loklamoq |

## 95. Canalizações

| | | |
|---|---|---|
| água (f) | сув | suv |
| água (f) quente | иссиқ сув | issiq suv |
| água (f) fria | совуқ сув | sovuq suv |
| torneira (f) | жўмрак | jo'mrak |
| | | |
| gota (f) | томчи | tomchi |
| gotejar (vi) | томчиламоқ | tomchilamoq |
| vazar (vt) | оқиб кетмоқ | oqib ketmoq |
| vazamento (m) | оқиб кетиш | oqib ketish |
| poça (f) | кўлмак | ko'lmak |
| | | |
| tubo (m) | қувур | quvur |
| válvula (f) | вентил | ventil |
| entupir-se (vr) | тиқилиб қолмоқ | tiqilib qolmoq |
| | | |
| ferramentas (f pl) | асбоблар | asboblar |
| chave (f) inglesa | кериладиган ключ | keriladigan klyuch |
| desenroscar (vt) | бураб чиқармоқ | burab chiqarmoq |

| enroscar (vt) | бураб қотирмоқ | burab qotirmoq |
| desentupir (vt) | тозаламоқ | tozalamoq |
| encanador (m) | сантехник | santexnik |
| porão (m) | ертўла | erto'la |
| rede (f) de esgotos | канализация | kanalizatsiya |

## 96. Fogo. Deflagração

| incêndio (m) | олов | olov |
| chama (f) | аланга | alanga |
| faísca (f) | учқун | uchqun |
| fumaça (f) | тутун | tutun |
| tocha (f) | машъал | mash'al |
| fogueira (f) | гулхан | gulxan |

| gasolina (f) | бензин | benzin |
| querosene (m) | керосин | kerosin |
| inflamável (adj) | ёнувчан | yonuvchan |
| explosivo (adj) | портлаш хавфи бўлган | portlash xavfi bo'lgan |
| PROIBIDO FUMAR! | СҲЕКИЛМАСИН! | CHEKILMASIN! |

| segurança (f) | хавфсизлик | xavfsizlik |
| perigo (m) | хавф | xavf |
| perigoso (adj) | хавфли | xavfli |

| incendiar-se (vr) | ёна бошламоқ | yona boshlamoq |
| explosão (f) | портлаш | portlash |
| incendiar (vt) | ёндирмоқ | yondirmoq |
| incendiário (m) | қасддан ўт қўйган одам | qasddan o't qo'ygan odam |
| incêndio (m) criminoso | қасддан ўт қўйиш | qasddan o't qo'yish |

| flamejar (vi) | ловуллаб ёнмоқ | lovullab yonmoq |
| queimar (vi) | ёнмоқ | yonmoq |
| queimar tudo (vi) | ёниб кетмоқ | yonib ketmoq |

| chamar os bombeiros | ўт ўчирувчиларни чақирмоқ | o't o'chiruvchilarni chaqirmoq |
| bombeiro (m) | ўт ўчирувчи | o't o'chiruvchi |
| caminhão (m) de bombeiros | ўт ўчириш машинаси | o't o'chirish mashinasi |
| corpo (m) de bombeiros | ўт ўчириш командаси | o't o'chirish komandasi |
| escada (f) extensível | ўт ўчирувчилар нарвони | o't o'chiruvchilar narvoni |

| mangueira (f) | шланг | shlang |
| extintor (m) | ўтўчиргич | o'to'chirgich |
| capacete (m) | каска | kaska |
| sirene (f) | сирена | sirena |

| gritar (vi) | бақирмоқ | baqirmoq |
| chamar por socorro | ёрдамга чақирмоқ | yordamga chaqirmoq |
| socorrista (m) | қутқарувчи | qutqaruvchi |
| salvar, resgatar (vt) | қутқармоқ | qutqarmoq |

| chegar (vi) | етиб келмоқ | etib kelmoq |
| apagar (vt) | ўчирмоқ | o'chirmoq |

| | | |
|---|---|---|
| água (f) | сув | suv |
| areia (f) | қум | qum |
| | | |
| ruínas (f pl) | харобалар | xarobalar |
| ruir (vi) | ағдарилмоқ | ag'darilmoq |
| desmoronar (vi) | қуламоқ | qulamoq |
| desabar (vi) | ўпирилиб тушмоқ | o'pirilib tushmoq |
| | | |
| fragmento (m) | синган бўлак | singan bo'lak |
| cinza (f) | кул | kul |
| | | |
| sufocar (vi) | бўғилмоқ | bo'g'ilmoq |
| perecer (vi) | ҳалок бўлмоқ | halok bo'lmoq |

# ATIVIDADES HUMANAS

# Emprego. Negócios. Parte 1

## 97. Banca

| | | |
|---|---|---|
| banco (m) | банк | bank |
| balcão (f) | бўлим | bo'lim |
| consultor (m) bancário | маслаҳатчи | maslahatchi |
| gerente (m) | бошқарувчи | boshqaruvchi |
| conta (f) | ҳисоб рақам | hisob raqam |
| número (m) da conta | ҳисоб-рақам сони | hisob-raqam soni |
| conta (f) corrente | жорий ҳисоб-рақами | joriy hisob-raqami |
| conta (f) poupança | жамғарма ҳисоб-рақами | jamg'arma hisob-raqami |
| abrir uma conta | ҳисоб-рақамни очмоқ | hisob-raqamni ochmoq |
| fechar uma conta | ҳисоб-рақамни ёпмоқ | hisob-raqamni yopmoq |
| depositar na conta | ҳисоб-рақамга қўймоқ | hisob-raqamga qo'ymoq |
| sacar (vt) | ҳисоб-рақамдан олмоқ | hisob-raqamdan olmoq |
| depósito (m) | омонат | omonat |
| fazer um depósito | омонат қўймоқ | omonat qo'ymoq |
| transferência (f) bancária | ўтказиш | o'tkazish |
| transferir (vt) | ўтказмоқ | o'tkazmoq |
| soma (f) | сумма | summa |
| Quanto? | Қанча? | Qancha? |
| assinatura (f) | имзо | imzo |
| assinar (vt) | имзоламоқ | imzolamoq |
| cartão (m) de crédito | кредит картаси | kredit kartasi |
| senha (f) | код | kod |
| número (m) do cartão de crédito | кредит картасининг тартиб рақами | kredit kartasining tartib raqami |
| caixa (m) eletrônico | банкомат | bankomat |
| cheque (m) | чек | chek |
| passar um cheque | чек ёзиб бермоқ | chek yozib bermoq |
| talão (m) de cheques | чек дафтарчаси | chek daftarchasi |
| empréstimo (m) | кредит | kredit |
| pedir um empréstimo | кредит олиш учун мурожаат қилмоқ | kredit olish uchun murojaat qilmoq |
| obter empréstimo | кредит олмоқ | kredit olmoq |
| dar um empréstimo | кредит бермоқ | kredit bermoq |
| garantia (f) | кафолат | kafolat |

## 98. Telefone. Conversação telefônica

| | | |
|---|---|---|
| telefone (m) | телефон | telefon |
| celular (m) | мобил телефон | mobil telefon |
| secretária (f) eletrônica | автоматик жавоб берувчи | avtomatik javob beruvchi |
| | | |
| fazer uma chamada | қўнғироқ қилмоқ | qo'ng'iroq qilmoq |
| chamada (f) | қўнғироқ | qo'ng'iroq |
| | | |
| discar um número | рақам термоқ | raqam termoq |
| Alô! | Алло! | Allo! |
| perguntar (vt) | сўрамоқ | so'ramoq |
| responder (vt) | жавоб бермоқ | javob bermoq |
| | | |
| ouvir (vt) | эшитмоқ | eshitmoq |
| bem | яхши | yaxshi |
| mal | ёмон | yomon |
| ruído (m) | халал берувчи шовқин | xalal beruvchi shovqin |
| | | |
| fone (m) | трубка | trubka |
| pegar o telefone | трубкани олмоқ | trubkani olmoq |
| desligar (vi) | трубкани қўймоқ | trubkani qo'ymoq |
| | | |
| ocupado (adj) | банд | band |
| tocar (vi) | жирингламоқ | jiringlamoq |
| lista (f) telefônica | телефон китоби | telefon kitobi |
| | | |
| local (adj) | маҳаллий | mahalliy |
| chamada (f) local | маҳаллий қўнғироқ | mahalliy qo'ng'iroq |
| de longa distância | шаҳарлараро | shaharlararo |
| chamada (f) de longa distância | шаҳарлараро қўнғироқ | shaharlararo qo'ng'iroq |
| internacional (adj) | халқаро | xalqaro |
| chamada (f) internacional | халқаро қўнғироқ | xalqaro qo'ng'iroq |

## 99. Telefone móvel

| | | |
|---|---|---|
| celular (m) | мобил телефон | mobil telefon |
| tela (f) | дисплей | displey |
| botão (m) | тугма | tugma |
| cartão SIM (m) | СИМ-карта | SIM-karta |
| | | |
| bateria (f) | батарея | batareya |
| descarregar-se (vr) | разрядка бўлмоқ | razryadka bo'lmoq |
| carregador (m) | заряд қилиш мосламаси | zaryad qilish moslamasi |
| | | |
| menu (m) | меню | menyu |
| configurações (f pl) | созлашлар | sozlashlar |
| melodia (f) | мелодия | melodiya |
| escolher (vt) | танламоқ | tanlamoq |
| | | |
| calculadora (f) | калкулятор | kalkulyator |
| correio (m) de voz | автоматик жавоб берувчи | avtomatik javob beruvchi |

| despertador (m) | будилник | budilnik |
| contatos (m pl) | телефон китоби | telefon kitobi |

| mensagem (f) de texto | СМС-хабар | SMS-xabar |
| assinante (m) | абонент | abonent |

## 100. Estacionário

| caneta (f) | ручка | ruchka |
| caneta (f) tinteiro | пероли ручка | peroli ruchka |

| lápis (m) | қалам | qalam |
| marcador (m) de texto | маркер | marker |
| caneta (f) hidrográfica | фломастер | flomaster |

| bloco (m) de notas | ён дафтарча | yon daftarcha |
| agenda (f) | кундалик | kundalik |

| régua (f) | чизғич | chizg'ich |
| calculadora (f) | калкулятор | kalkulyator |
| borracha (f) | ўчирғич | o'chirg'ich |
| alfinete (m) | кнопка | knopka |
| clipe (m) | қисқич | qisqich |

| cola (f) | елим | elim |
| grampeador (m) | степлер | stepler |
| furador (m) de papel | тешгич | teshgich |
| apontador (m) | точилка | tochilka |

# Emprego. Negócios. Parte 2

## 101. Media

| | | |
|---|---|---|
| jornal (m) | газета | gazeta |
| revista (f) | журнал | jurnal |
| imprensa (f) | матбуот | matbuot |
| rádio (m) | радио | radio |
| estação (f) de rádio | радиостанция | radiostantsiya |
| televisão (f) | телевидение | televidenie |
| | | |
| apresentador (m) | бошловчи | boshlovchi |
| locutor (m) | диктор | diktor |
| comentarista (m) | шарҳловчи | sharhlovchi |
| | | |
| jornalista (m) | журналист | jurnalist |
| correspondente (m) | мухбир | muxbir |
| repórter (m) fotográfico | фотомухбир | fotomuxbir |
| repórter (m) | репортёр | reportyor |
| | | |
| redator (m) | муҳаррир | muharrir |
| redator-chefe (m) | бош муҳаррир | bosh muharrir |
| | | |
| assinar a ... | обуна бўлмоқ | obuna bo'lmoq |
| assinatura (f) | обуна | obuna |
| assinante (m) | обуначи | obunachi |
| ler (vt) | ўқимоқ | o'qimoq |
| leitor (m) | газетхон | gazetxon |
| | | |
| tiragem (f) | тираж | tiraj |
| mensal (adj) | ойлик | oylik |
| semanal (adj) | ҳафталик | haftalik |
| número (jornal, revista) | сон | son |
| recente, novo (adj) | янги | yangi |
| | | |
| manchete (f) | сарлавҳа | sarlavha |
| pequeno artigo (m) | хабар | xabar |
| coluna (~ semanal) | рубрика | rubrika |
| artigo (m) | мақола | maqola |
| página (f) | саҳифа | sahifa |
| | | |
| reportagem (f) | репортаж | reportaj |
| evento (festa, etc.) | ходиса | xodisa |
| sensação (f) | шов-шув | shov-shuv |
| escândalo (m) | жанжал | janjal |
| escandaloso (adj) | жанжалли | janjalli |
| grande (adj) | овозали | ovozali |
| | | |
| programa (m) | кўрсатув | ko'rsatuv |
| entrevista (f) | интервю | intervyu |

| | | |
|---|---|---|
| transmissão (f) ao vivo | тўғридан-тўғри трансляция | to'g'ridan-to'g'ri translyatsiya |
| canal (m) | канал | kanal |

## 102. Agricultura

| | | |
|---|---|---|
| agricultura (f) | қишлоқ хўжалиги | qishloq xo'jaligi |
| camponês (m) | деҳқон | dehqon |
| camponesa (f) | деҳқон аёл | dehqon ayol |
| agricultor, fazendeiro (m) | фермер | fermer |
| trator (m) | трактор | traktor |
| colheitadeira (f) | комбайн | kombayn |
| arado (m) | плуг | plug |
| arar (vt) | ер ҳайдамоқ | er haydamoq |
| campo (m) lavrado | шудгор | shudgor |
| sulco (m) | егат | egat |
| semear (vt) | екмоқ | ekmoq |
| plantadeira (f) | сеялка | seyalka |
| semeadura (f) | екиш | ekish |
| foice (m) | белўроқ | belo'roq |
| cortar com foice | ўрамоқ | o'ramoq |
| pá (f) | белкурак | belkurak |
| cavar (vt) | қазимоқ | qazimoq |
| enxada (f) | чопқи | chopqi |
| capinar (vt) | ўтамоқ | o'tamoq |
| erva (f) daninha | бегона ўт | begona o't |
| regador (m) | гулчелак | gulchelak |
| regar (plantas) | суғормоқ | sug'ormoq |
| rega (f) | суғориш | sug'orish |
| forquilha (f) | паншаха | panshaxa |
| ancinho (m) | хаскаш | xaskash |
| fertilizante (m) | ўғит | o'g'it |
| fertilizar (vt) | ўғитламоқ | o'g'itlamoq |
| estrume, esterco (m) | гўнг | go'ng |
| campo (m) | дала | dala |
| prado (m) | ўтлоқ | o'tloq |
| horta (f) | полиз | poliz |
| pomar (m) | боғ | bog' |
| pastar (vt) | ўтлатмоқ | o'tlatmoq |
| pastor (m) | чўпон | cho'pon |
| pastagem (f) | яйлов | yaylov |
| pecuária (f) | чорвачилик | chorvachilik |
| criação (f) de ovelhas | қўйчилик | qo'ychilik |

| plantação (f) | плантация | plantatsiya |
| canteiro (m) | жўяк | jo'yak |
| estufa (f) | иссиқхона | issiqxona |

| seca (f) | қурғоқчилик | qurg'oqchilik |
| seco (verão ~) | қуруқ | quruq |

| grão (m) | дон | don |
| cereais (m pl) | ғалла | g'alla |
| colher (vt) | ўриб олмоқ | o'rib olmoq |

| moleiro (m) | тегирмончи | tegirmonchi |
| moinho (m) | тегирмон | tegirmon |
| moer (vt) | дон туймоқ | don tuymoq |
| farinha (f) | ун | un |
| palha (f) | сомон | somon |

## 103. Construção. Processo de construção

| canteiro (m) de obras | қурилиш | qurilish |
| construir (vt) | қурмоқ | qurmoq |
| construtor (m) | қурувчи | quruvchi |

| projeto (m) | лойиҳа | loyiha |
| arquiteto (m) | меъмор | me'mor |
| operário (m) | ишчи | ishchi |

| fundação (f) | пойдевор | poydevor |
| telhado (m) | том | tom |
| estaca (f) | қозиқоёқ | qoziqoyoq |
| parede (f) | девор | devor |

| colunas (f pl) de sustentação | арматура | armatura |
| andaime (m) | қурилиш ҳавозалари | qurilish havozalari |

| concreto (m) | бетон | beton |
| granito (m) | гранит | granit |
| pedra (f) | тош | tosh |
| tijolo (m) | ғишт | g'isht |

| areia (f) | қум | qum |
| cimento (m) | семент | sement |
| emboço, reboco (m) | сувоқ | suvoq |
| emboçar, rebocar (vt) | сувамоқ | suvamoq |

| tinta (f) | бўёқ | bo'yoq |
| pintar (vt) | бўямоқ | bo'yamoq |
| barril (m) | бочка | bochka |

| grua (f), guindaste (m) | кран | kran |
| erguer (vt) | кўтармоқ | ko'tarmoq |
| baixar (vt) | туширмоқ | tushirmoq |
| buldózer (m) | булдозер | buldozer |
| escavadora (f) | екскаватор | ekskavator |

| caçamba (f) | ковш | kovsh |
| escavar (vt) | қазимоқ | qazimoq |
| capacete (m) de proteção | каска | kaska |

# Profissões e ocupações

## 104. Procura de emprego. Demissão

| | | |
|---|---|---|
| trabalho (m) | иш | ish |
| equipe (f) | штат | shtat |
| carreira (f) | еришиладиган мавқе | erishiladigan mavqe |
| perspectivas (f pl) | истиқбол | istiqbol |
| habilidades (f pl) | маҳорат | mahorat |
| seleção (f) | танлаш | tanlash |
| agência (f) de emprego | кадрлар агентлиги | kadrlar agentligi |
| currículo (m) | резюме | rezyume |
| entrevista (f) de emprego | суҳбатлашиш | suhbatlashish |
| vaga (f) | бўш ўрин | bo'sh o'rin |
| salário (m) | иш ҳақи | ish haqi |
| salário (m) fixo | маош | maosh |
| pagamento (m) | ҳақ | haq |
| cargo (m) | лавозим | lavozim |
| dever (do empregado) | вазифа | vazifa |
| gama (f) de deveres | доира | doira |
| ocupado (adj) | банд | band |
| despedir, demitir (vt) | ишдан бўшатмоқ | ishdan bo'shatmoq |
| demissão (f) | ишдан бўшаш | ishdan bo'shash |
| desemprego (m) | ишсизлик | ishsizlik |
| desempregado (m) | ишсиз | ishsiz |
| aposentadoria (f) | нафақа | nafaqa |
| aposentar-se (vr) | нафақага чиқиш | nafaqaga chiqish |

## 105. Gente de negócios

| | | |
|---|---|---|
| diretor (m) | директор | direktor |
| gerente (m) | бошқарувчи | boshqaruvchi |
| patrão, chefe (m) | раҳбар | rahbar |
| superior (m) | бошлиқ | boshliq |
| superiores (m pl) | бошлиқлар | boshliqlar |
| presidente (m) | президент | prezident |
| chairman (m) | раис | rais |
| substituto (m) | ўринбосар | o'rinbosar |
| assistente (m) | ёрдамчи | yordamchi |
| secretário (m) | котиб | kotib |

| | | |
|---|---|---|
| secretário (m) pessoal | шахсий котиб | shaxsiy kotib |
| homem (m) de negócios | бизнесмен | biznesmen |
| empreendedor (m) | тадбиркор | tadbirkor |
| fundador (m) | асосчи | asoschi |
| fundar (vt) | асос солмоқ | asos solmoq |
| | | |
| principiador (m) | таъсисчи | ta'sischi |
| parceiro, sócio (m) | ҳамкор | hamkor |
| acionista (m) | акциядор | aktsiyador |
| | | |
| milionário (m) | миллионер | millioner |
| bilionário (m) | миллиардер | milliarder |
| proprietário (m) | ега | ega |
| proprietário (m) de terras | ер егаси | er egasi |
| | | |
| cliente (m) | мижоз | mijoz |
| cliente (m) habitual | доимий мижоз | doimiy mijoz |
| comprador (m) | харидор | xaridor |
| visitante (m) | келувчи | keluvchi |
| | | |
| profissional (m) | профессионал | professional |
| perito (m) | експерт | ekspert |
| especialista (m) | мутахассис | mutaxassis |
| | | |
| banqueiro (m) | банкир | bankir |
| corretor (m) | брокер | broker |
| | | |
| caixa (m, f) | кассачи | kassachi |
| contador (m) | бухгалтер | buxgalter |
| guarda (m) | соқчи | soqchi |
| | | |
| investidor (m) | инвестор | investor |
| devedor (m) | қарздор | qarzdor |
| credor (m) | кредитор | kreditor |
| mutuário (m) | қарз олувчи | qarz oluvchi |
| | | |
| importador (m) | импортчи | importchi |
| exportador (m) | експортчи | eksportchi |
| | | |
| produtor (m) | ишлаб чиқарувчи | ishlab chiqaruvchi |
| distribuidor (m) | дистрибютор | distribyutor |
| intermediário (m) | воситачи | vositachi |
| | | |
| consultor (m) | маслаҳатчи | maslahatchi |
| representante comercial | вакил | vakil |
| agente (m) | агент | agent |
| agente (m) de seguros | суғурта агенти | sug'urta agenti |

## 106. Profissões de serviços

| | | |
|---|---|---|
| cozinheiro (m) | ошпаз | oshpaz |
| chefe (m) de cozinha | бош ошпаз | bosh oshpaz |
| padeiro (m) | новвой | novvoy |
| barman (m) | бармен | barmen |

| | | |
|---|---|---|
| garçom (m) | официант | ofitsiant |
| garçonete (f) | официантка | ofitsiantka |
| | | |
| advogado (m) | адвокат | advokat |
| jurista (m) | ҳуқуқшунос | huquqshunos |
| notário (m) | нотариус | notarius |
| | | |
| eletricista (m) | монтёр | montyor |
| encanador (m) | сантехник | santexnik |
| carpinteiro (m) | дурадгор | duradgor |
| | | |
| massagista (m) | массажчи | massajchi |
| massagista (f) | массажчи аёл | massajchi ayol |
| médico (m) | шифокор | shifokor |
| | | |
| taxista (m) | таксичи | taksichi |
| condutor (automobilista) | шофёр | shofyor |
| entregador (m) | курер | kurer |
| | | |
| camareira (f) | ходима | xodima |
| guarda (m) | соқчи | soqchi |
| aeromoça (f) | стюардесса | styuardessa |
| | | |
| professor (m) | ўқитувчи | o'qituvchi |
| bibliotecário (m) | кутубхоначи | kutubxonachi |
| tradutor (m) | таржимон | tarjimon |
| intérprete (m) | таржимон | tarjimon |
| guia (m) | гид | gid |
| | | |
| cabeleireiro (m) | сартарош | sartarosh |
| carteiro (m) | почтачи | pochtachi |
| vendedor (m) | сотувчи | sotuvchi |
| | | |
| jardineiro (m) | боғбон | bog'bon |
| criado (m) | хизматкор | xizmatkor |
| criada (f) | хизматкор аёл | xizmatkor ayol |
| empregada (f) de limpeza | фаррош | farrosh |

## 107. Profissões militares e postos

| | | |
|---|---|---|
| soldado (m) raso | оддий аскар | oddiy askar |
| sargento (m) | сержант | serjant |
| tenente (m) | лейтенант | leytenant |
| capitão (m) | капитан | kapitan |
| | | |
| major (m) | маёр | mayor |
| coronel (m) | полковник | polkovnik |
| general (m) | генерал | general |
| marechal (m) | маршал | marshal |
| almirante (m) | адмирал | admiral |
| | | |
| militar (m) | ҳарбий | harbiy |
| soldado (m) | аскар | askar |
| oficial (m) | зобит | zobit |

| comandante (m) | командир | komandir |
|---|---|---|
| guarda (m) de fronteira | чегарачи | chegarachi |
| operador (m) de rádio | радист | radist |
| explorador (m) | разведкачи | razvedkachi |
| sapador-mineiro (m) | сапёр | sapyor |
| atirador (m) | ўқчи | o'qchi |
| navegador (m) | штурман | shturman |

## 108. Oficiais. Padres

| rei (m) | қирол | qirol |
|---|---|---|
| rainha (f) | қиролича | qirolicha |

| príncipe (m) | шаҳзода | shahzoda |
|---|---|---|
| princesa (f) | малика | malika |

| czar (m) | подшо | podsho |
|---|---|---|
| czarina (f) | малика | malika |

| presidente (m) | президент | prezident |
|---|---|---|
| ministro (m) | министр | ministr |
| primeiro-ministro (m) | бош вазир | bosh vazir |
| senador (m) | сенатор | senator |

| diplomata (m) | дипломат | diplomat |
|---|---|---|
| cônsul (m) | консул | konsul |
| embaixador (m) | елчи | elchi |
| conselheiro (m) | маслаҳатчи | maslahatchi |

| funcionário (m) | амалдор | amaldor |
|---|---|---|
| prefeito (m) | префект | prefekt |
| Presidente (m) da Câmara | мер | mer |

| juiz (m) | судя | sudya |
|---|---|---|
| procurador (m) | прокурор | prokuror |

| missionário (m) | миссионер | missioner |
|---|---|---|
| monge (m) | монах | monax |
| abade (m) | аббат | abbat |
| rabino (m) | раввин | ravvin |

| vizir (m) | вазир | vazir |
|---|---|---|
| xá (m) | шоҳ | shoh |
| xeique (m) | шайх | shayx |

## 109. Profissões agrícolas

| abelheiro (m) | асаларичи | asalarichi |
|---|---|---|
| pastor (m) | чўпон | cho'pon |
| agrônomo (m) | агроном | agronom |
| criador (m) de gado | чорвадор | chorvador |
| veterinário (m) | ветеринар | veterinar |

| | | |
|---|---|---|
| agricultor, fazendeiro (m) | фермер | fermer |
| vinicultor (m) | винопаз | vinopaz |
| zoólogo (m) | зоолог | zoolog |
| vaqueiro (m) | ковбой | kovboy |

## 110. Profissões artísticas

| | | |
|---|---|---|
| ator (m) | актёр | aktyor |
| atriz (f) | актриса | aktrisa |
| | | |
| cantor (m) | хонанда | xonanda |
| cantora (f) | хонанда | xonanda |
| | | |
| bailarino (m) | раққос | raqqos |
| bailarina (f) | раққоса | raqqosa |
| | | |
| artista (m) | артист | artist |
| artista (f) | артистка | artistka |
| | | |
| músico (m) | мусиқачи | musiqachi |
| pianista (m) | пианиночи | pianinochi |
| guitarrista (m) | гитарачи | gitarachi |
| | | |
| maestro (m) | дирижёр | dirijyor |
| compositor (m) | композитор | kompozitor |
| empresário (m) | импресарио | impresario |
| | | |
| diretor (m) de cinema | режиссёр | rejissyor |
| produtor (m) | продюсер | prodyuser |
| roteirista (m) | сценарийчи | stsenariychi |
| crítico (m) | танқидчи | tanqidchi |
| | | |
| escritor (m) | ёзувчи | yozuvchi |
| poeta (m) | шоир | shoir |
| escultor (m) | ҳайкалтарош | haykaltarosh |
| pintor (m) | рассом | rassom |
| | | |
| malabarista (m) | жонглёр | jonglyor |
| palhaço (m) | масхарабоз | masxaraboz |
| acrobata (m) | акробат | akrobat |
| ilusionista (m) | фокусчи | fokuschi |

## 111. Várias profissões

| | | |
|---|---|---|
| médico (m) | шифокор | shifokor |
| enfermeira (f) | тиббий ҳамшира | tibbiy hamshira |
| psiquiatra (m) | психиатр | psixiatr |
| dentista (m) | стоматолог | stomatolog |
| cirurgião (m) | жарроҳ | jarroh |
| | | |
| astronauta (m) | астронавт | astronavt |
| astrônomo (m) | астроном | astronom |

| | | |
|---|---|---|
| piloto (m) | учувчи | uchuvchi |
| motorista (m) | ҳайдовчи | haydovchi |
| maquinista (m) | машинист | mashinist |
| mecânico (m) | механик | mexanik |
| | | |
| mineiro (m) | кончи | konchi |
| operário (m) | ишчи | ishchi |
| serralheiro (m) | чилангар | chilangar |
| marceneiro (m) | дурадгор | duradgor |
| torneiro (m) | токар | tokar |
| construtor (m) | қурувчи | quruvchi |
| soldador (m) | пайвандчи | payvandchi |
| | | |
| professor (m) | профессор | professor |
| arquiteto (m) | меъмор | me'mor |
| historiador (m) | тарихшунос | tarixshunos |
| cientista (m) | олим | olim |
| físico (m) | физик | fizik |
| químico (m) | кимёгар | kimyogar |
| | | |
| arqueólogo (m) | археолог | arxeolog |
| geólogo (m) | геолог | geolog |
| pesquisador (cientista) | тадқиқотчи | tadqiqotchi |
| | | |
| babysitter, babá (f) | енага | enaga |
| professor (m) | педагог | pedagog |
| | | |
| redator (m) | муҳаррир | muharrir |
| redator-chefe (m) | бош муҳаррир | bosh muharrir |
| correspondente (m) | мухбир | muxbir |
| datilógrafa (f) | машинистка | mashinistka |
| | | |
| designer (m) | дизайнер | dizayner |
| especialista (m) em informática | компютерчи | kompyuterchi |
| programador (m) | дастурчи | dasturchi |
| engenheiro (m) | муҳандис | muhandis |
| | | |
| marujo (m) | денгизчи | dengizchi |
| marinheiro (m) | матрос | matros |
| socorrista (m) | қутқарувчи | qutqaruvchi |
| | | |
| bombeiro (m) | ўт ўчирувчи | o't o'chiruvchi |
| polícia (m) | полициячи | politsiyachi |
| guarda-noturno (m) | қоровул | qorovul |
| detetive (m) | изқувар | izquvar |
| | | |
| funcionário (m) da alfândega | божхона ходими | bojxona xodimi |
| guarda-costas (m) | шахсий соқчи | shaxsiy soqchi |
| guarda (m) prisional | назоратчи | nazoratchi |
| inspetor (m) | инспектор | inspektor |
| | | |
| esportista (m) | спортчи | sportchi |
| treinador (m) | тренер | trener |
| açougueiro (m) | қассоб | qassob |
| sapateiro (m) | етикдўз | etikdo'z |

| | | |
|---|---|---|
| comerciante (m) | тижоратчи | tijoratchi |
| carregador (m) | юкчи | yukchi |

| | | |
|---|---|---|
| estilista (m) | моделер | modeler |
| modelo (f) | модел | model |

## 112. Ocupações. Estatuto social

| | | |
|---|---|---|
| estudante (~ de escola) | ўқувчи | o'quvchi |
| estudante (~ universitária) | талаба | talaba |

| | | |
|---|---|---|
| filósofo (m) | файласуф | faylasuf |
| economista (m) | иқтисодчи | iqtisodchi |
| inventor (m) | ихтирочи | ixtirochi |

| | | |
|---|---|---|
| desempregado (m) | ишсиз | ishsiz |
| aposentado (m) | нафақахўр | nafaqaxo'r |
| espião (m) | жосус | josus |

| | | |
|---|---|---|
| preso, prisioneiro (m) | маҳбус | mahbus |
| grevista (m) | иш ташловчи | ish tashlovchi |
| burocrata (m) | бюрократ | byurokrat |
| viajante (m) | саёҳатчи | sayohatchi |

| | | |
|---|---|---|
| homossexual (m) | гомосексуалчи | gomoseksualchi |
| hacker (m) | хакер | xaker |
| hippie (m, f) | хиппи | xippi |

| | | |
|---|---|---|
| bandido (m) | босқинчи | bosqinchi |
| assassino (m) | ёлланма қотил | yollanma qotil |
| drogado (m) | гиёҳванд | giyohvand |
| traficante (m) | наркотик моддаларни сотувчи | narkotik moddalarni sotuvchi |
| prostituta (f) | фоҳиша | fohisha |
| cafetão (m) | даюс | dayus |

| | | |
|---|---|---|
| bruxo (m) | жодугар | jodugar |
| bruxa (f) | жодугар аёл | jodugar ayol |
| pirata (m) | денгиз қароқчиси | dengiz qaroqchisi |
| escravo (m) | қул | qul |
| samurai (m) | самурай | samuray |
| selvagem (m) | ёввойи одам | yovvoyi odam |

# Desportos

## 113. Tipos de desportos. Desportistas

| | | |
|---|---|---|
| esportista (m) | спортчи | sportchi |
| tipo (m) de esporte | спорт тури | sport turi |
| basquete (m) | баскетбол | basketbol |
| jogador (m) de basquete | баскетболчи | basketbolchi |
| beisebol (m) | бейсбол | beysbol |
| jogador (m) de beisebol | бейсболчи | beysbolchi |
| futebol (m) | футбол | futbol |
| jogador (m) de futebol | футболчи | futbolchi |
| goleiro (m) | дарвозабон | darvozabon |
| hóquei (m) | хоккей | xokkey |
| jogador (m) de hóquei | хоккейчи | xokkeychi |
| vôlei (m) | волейбол | voleybol |
| jogador (m) de vôlei | волейболчи | voleybolchi |
| boxe (m) | бокс | boks |
| boxeador (m) | боксчи | bokschi |
| luta (f) | кураш | kurash |
| lutador (m) | курашчи | kurashchi |
| caratê (m) | карате | karate |
| carateca (m) | каратечи | karatechi |
| judô (m) | дзюдо | dzyudo |
| judoca (m) | дзюдочи | dzyudochi |
| tênis (m) | теннис | tennis |
| tenista (m) | теннисчи | tennischi |
| natação (f) | сузиш | suzish |
| nadador (m) | сузувчи | suzuvchi |
| esgrima (f) | қиличбозлик | qilichbozlik |
| esgrimista (m) | қиличбоз | qilichboz |
| xadrez (m) | шахмат | shaxmat |
| jogador (m) de xadrez | шахматчи | shaxmatchi |
| alpinismo (m) | алпинизм | alpinizm |
| alpinista (m) | алпинист | alpinist |
| corrida (f) | югуриш | yugurish |

| corredor (m) | югурувчи | yuguruvchi |
| atletismo (m) | енгил атлетика | engil atletika |
| atleta (m) | атлет | atlet |

| hipismo (m) | от спорти | ot sporti |
| cavaleiro (m) | чавандоз | chavandoz |

| patinação (f) artística | фигурали учиш | figurali uchish |
| patinador (m) | фигурист | figurist |
| patinadora (f) | фигуристка | figuristka |

| halterofilismo (m) | оғир атлетика | og'ir atletika |
| halterofilista (m) | оғир атлетикачи | og'ir atletikachi |
| corrida (f) de carros | автомобил пойгаси | avtomobil poygasi |
| piloto (m) | пойгачи | poygachi |

| ciclismo (m) | велосипед спорти | velosiped sporti |
| ciclista (m) | велосипедчи | velosipedchi |

| salto (m) em distância | узунликка сакраш | uzunlikka sakrash |
| salto (m) com vara | лангарчўп билан сакраш | langarcho'p bilan sakrash |
| atleta (m) de saltos | сакровчи | sakrovchi |

## 114. Tipos de desportos. Diversos

| futebol (m) americano | америка футболи | amerika futboli |
| badminton (m) | бадминтон | badminton |
| biatlo (m) | биатлон | biatlon |
| bilhar (m) | билярд | bilyard |

| bobsled (m) | бобслей | bobsley |
| musculação (f) | бодибилдинг | bodibilding |
| polo (m) aquático | сув полоси | suv polosi |
| handebol (m) | гандбол | gandbol |
| golfe (m) | голф | golf |

| remo (m) | ешкак ешиш | eshkak eshish |
| mergulho (m) | дайвинг | dayving |
| corrida (f) de esqui | чанғи пойгаси | chang'i poygasi |
| tênis (m) de mesa | стол тенниси | stol tennisi |

| vela (f) | елканли қайиқ спорти | elkanli qayiq sporti |
| rali (m) | ралли | ralli |
| rúgbi (m) | регби | regbi |
| snowboard (m) | сноуборд | snoubord |
| arco-e-flecha (m) | камон отиш | kamon otish |

## 115. Ginásio

| barra (f) | штанга | shtanga |
| halteres (m pl) | гантеллар | gantellar |
| aparelho (m) de musculação | тренажёр | trenajyor |

| | | |
|---|---|---|
| bicicleta (f) ergométrica | велотренажёр | velotrenajyor |
| esteira (f) de corrida | югуриш йўлкаси | yugurish yo'lkasi |
| | | |
| barra (f) fixa | тўсин | to'sin |
| barras (f pl) paralelas | параллел бруслар | parallel bruslar |
| cavalo (m) | от | ot |
| tapete (m) de ginástica | мат | mat |
| | | |
| corda (f) de saltar | скакалка | skakalka |
| aeróbica (f) | аэробика | aerobika |
| ioga, yoga (f) | ёга | yoga |

## 116. Desportos. Diversos

| | | |
|---|---|---|
| Jogos (m pl) Olímpicos | Олимпия ўйинлари | Olimpiya o'yinlari |
| vencedor (m) | ғолиб | g'olib |
| vencer (vi) | ғалаба қозонмоқ | g'alaba qozonmoq |
| vencer (vi, vt) | ютмоқ | yutmoq |
| | | |
| líder (m) | пешқадам | peshqadam |
| liderar (vt) | пешқадамлик қилмоқ | peshqadamlik qilmoq |
| | | |
| primeiro lugar (m) | биринчи ўрин | birinchi o'rin |
| segundo lugar (m) | иккинчи ўрин | ikkinchi o'rin |
| terceiro lugar (m) | учинчи ўрин | uchinchi o'rin |
| | | |
| medalha (f) | медал | medal |
| troféu (m) | соврин | sovrin |
| taça (f) | кубок | kubok |
| prêmio (m) | соврин | sovrin |
| prêmio (m) principal | бош соврин | bosh sovrin |
| | | |
| recorde (m) | рекорд | rekord |
| estabelecer um recorde | рекорд қўймоқ | rekord qo'ymoq |
| | | |
| final (m) | финал | final |
| final (adj) | финал, якунловчи | final, yakunlovchi |
| | | |
| campeão (m) | чемпион | chempion |
| campeonato (m) | чемпионат | chempionat |
| | | |
| estádio (m) | стадион | stadion |
| arquibancadas (f pl) | трибуна | tribuna |
| fã, torcedor (m) | ишқибоз | ishqiboz |
| adversário (m) | рақиб | raqib |
| | | |
| partida (f) | старт | start |
| linha (f) de chegada | финиш | finish |
| | | |
| derrota (f) | мағлубият | mag'lubiyat |
| perder (vt) | ютқизмоқ | yutqizmoq |
| | | |
| árbitro, juiz (m) | ҳакам | hakam |
| júri (m) | жюри | jyuri |

| | | |
|---|---|---|
| resultado (m) | ҳисоб | hisob |
| empate (m) | дуранг | durang |
| empatar (vi) | дуранг ўйнамоқ | durang o'ynamoq |
| ponto (m) | очко | ochko |
| resultado (m) final | натижа | natija |
| | | |
| tempo (m) | тайм, период | taym, period |
| intervalo (m) | танаффус | tanaffus |
| doping (m) | допинг | doping |
| penalizar (vt) | жарима белгиламоқ | jarima belgilamoq |
| desqualificar (vt) | дисквалификация қилмоқ | diskvalifikatsiya qilmoq |
| | | |
| aparelho, aparato (m) | снаряд, анжом | snaryad, anjom |
| dardo (m) | найза | nayza |
| peso (m) | ядро | yadro |
| bola (f) | шар | shar |
| | | |
| alvo, objetivo (m) | мўлжал | mo'ljal |
| alvo (~ de papel) | нишон | nishon |
| disparar, atirar (vi) | отмоқ | otmoq |
| preciso (tiro ~) | аниқ | aniq |
| | | |
| treinador (m) | тренер | trener |
| treinar (vt) | машқ қилдирмоқ | mashq qildirmoq |
| treinar-se (vr) | машқ қилмоқ | mashq qilmoq |
| treino (m) | машқ қилиш | mashq qilish |
| | | |
| academia (f) de ginástica | спорт зали | sport zali |
| exercício (m) | машқ | mashq |
| aquecimento (m) | чигил ёзиш | chigil yozish |

# Educação

## 117. Escola

| | | |
|---|---|---|
| escola (f) | мактаб | maktab |
| diretor (m) de escola | мактаб директори | maktab direktori |
| | | |
| aluno (m) | ўқувчи | o'quvchi |
| aluna (f) | ўқувчи қиз | o'quvchi qiz |
| estudante (m) | ўқувчи | o'quvchi |
| estudante (f) | ўқувчи қиз | o'quvchi qiz |
| | | |
| ensinar (vt) | ўқитмоқ | o'qitmoq |
| aprender (vt) | ўқимоқ | o'qimoq |
| decorar (vt) | ёдламоқ | yodlamoq |
| | | |
| estudar (vi) | ўрганмоқ | o'rganmoq |
| estar na escola | ўқимоқ | o'qimoq |
| ir à escola | мактабга бормоқ | maktabga bormoq |
| | | |
| alfabeto (m) | алифбе | alifbe |
| disciplina (f) | дарс, фан | dars, fan |
| | | |
| sala (f) de aula | синф | sinf |
| lição, aula (f) | дарс | dars |
| recreio (m) | танаффус | tanaffus |
| toque (m) | қўнғироқ | qo'ng'iroq |
| classe (f) | парта | parta |
| quadro (m) negro | доска | doska |
| | | |
| nota (f) | баҳо | baho |
| boa nota (f) | яхши баҳо | yaxshi baho |
| nota (f) baixa | ёмон баҳо | yomon baho |
| dar uma nota | баҳо қўймоқ | baho qo'ymoq |
| | | |
| erro (m) | хато | xato |
| errar (vi) | хатолар қилмоқ | xatolar qilmoq |
| corrigir (~ um erro) | тўғриламоқ | to'g'rilamoq |
| cola (f) | шпаргалка | shpargalka |
| | | |
| dever (m) de casa | уй вазифаси | uy vazifasi |
| exercício (m) | машқ | mashq |
| | | |
| estar presente | қатнашмоқ | qatnashmoq |
| estar ausente | қатнашмаслик | qatnashmaslik |
| faltar às aulas | дарсларни қолдирмоқ | darslarni qoldirmoq |
| | | |
| punir (vt) | жазоламоқ | jazolamoq |
| punição (f) | жазо | jazo |
| comportamento (m) | хулқ | xulq |

| | | |
|---|---|---|
| boletim (m) escolar | кундалик | kundalik |
| lápis (m) | қалам | qalam |
| borracha (f) | ўчирғич | o'chirg'ich |
| giz (m) | бўр | bo'r |
| porta-lápis (m) | пенал | penal |
| | | |
| mala, pasta, mochila (f) | портфел | portfel |
| caneta (f) | ручка | ruchka |
| caderno (m) | дафтар | daftar |
| livro (m) didático | дарслик | darslik |
| compasso (m) | сиркул | sirkul |
| | | |
| traçar (vt) | чизмоқ | chizmoq |
| desenho (m) técnico | чизма | chizma |
| | | |
| poesia (f) | шеър | she'r |
| de cor | ёддан | yoddan |
| decorar (vt) | ёдламоқ | yodlamoq |
| | | |
| férias (f pl) | таътил | ta'til |
| estar de férias | таътилда бўлмоқ | ta'tilda bo'lmoq |
| passar as férias | таътилни ўтказмоқ | ta'tilni o'tkazmoq |
| | | |
| teste (m), prova (f) | назорат иши | nazorat ishi |
| redação (f) | иншо | insho |
| ditado (m) | диктант | diktant |
| exame (m), prova (f) | имтиҳон | imtihon |
| fazer prova | имтиҳон топширмоқ | imtihon topshirmoq |
| experiência (~ química) | тажриба | tajriba |

## 118. Colégio. Universidade

| | | |
|---|---|---|
| academia (f) | академия | akademiya |
| universidade (f) | университет | universitet |
| faculdade (f) | факултет | fakultet |
| | | |
| estudante (m) | студент | student |
| estudante (f) | студент | student |
| professor (m) | ўқитувчи | o'qituvchi |
| | | |
| auditório (m) | аудитория, дарсхона | auditoriya, darsxona |
| graduado (m) | битирувчи | bitiruvchi |
| | | |
| diploma (m) | диплом | diplom |
| tese (f) | диссертация | dissertatsiya |
| | | |
| estudo (obra) | тадқиқот | tadqiqot |
| laboratório (m) | лаборатория | laboratoriya |
| | | |
| palestra (f) | лекция | lektsiya |
| colega (m) de curso | курсдош | kursdosh |
| | | |
| bolsa (f) de estudos | стипендия | stipendiya |
| grau (m) acadêmico | илмий даража | ilmiy daraja |

## 119. Ciências. Disciplinas

| | | |
|---|---|---|
| matemática (f) | математика | matematika |
| álgebra (f) | алгебра | algebra |
| geometria (f) | геометрия | geometriya |
| astronomia (f) | астрономия | astronomiya |
| biologia (f) | биология | biologiya |
| geografia (f) | география | geografiya |
| geologia (f) | геология | geologiya |
| história (f) | тарих | tarix |
| medicina (f) | медицина | meditsina |
| pedagogia (f) | педагогика | pedagogika |
| direito (m) | ҳуқуқ | huquq |
| física (f) | физика | fizika |
| química (f) | кимё | kimyo |
| filosofia (f) | фалсафа | falsafa |
| psicologia (f) | психология | psixologiya |

## 120. Sistema de escrita. Ortografia

| | | |
|---|---|---|
| gramática (f) | грамматика | grammatika |
| vocabulário (m) | лексика | leksika |
| fonética (f) | фонетика | fonetika |
| substantivo (m) | от | ot |
| adjetivo (m) | сифат | sifat |
| verbo (m) | феъл | fe'l |
| advérbio (m) | равиш | ravish |
| pronome (m) | олмош | olmosh |
| interjeição (f) | ундов сўз | undov so'z |
| preposição (f) | олд кўмакчи | old ko'makchi |
| raiz (f) | сўз ўзаги | so'z o'zagi |
| terminação (f) | тугалланма | tugallanma |
| prefixo (m) | олд қўшимча | old qo'shimcha |
| sílaba (f) | бўғин | bo'g'in |
| sufixo (m) | сўз ясовчи қўшимча | so'z yasovchi qo'shimcha |
| acento (m) | урғу | urg'u |
| apóstrofo (f) | ажратиш белгиси | ajratish belgisi |
| ponto (m) | нуқта | nuqta |
| vírgula (f) | вергул | vergul |
| ponto e vírgula (m) | нуқтали вергул | nuqtali vergul |
| dois pontos (m pl) | қўш нуқта | qo'sh nuqta |
| reticências (f pl) | кўп нуқта | ko'p nuqta |
| ponto (m) de interrogação | сўроқ белгиси | so'roq belgisi |
| ponto (m) de exclamação | ундов белгиси | undov belgisi |

| aspas (f pl) | қўштирноқ | qo'shtirnoq |
| entre aspas | қўштирноқ ичида | qo'shtirnoq ichida |
| parênteses (m pl) | қавс | qavs |
| entre parênteses | қавс ичида | qavs ichida |

| hífen (m) | дефис | defis |
| travessão (m) | тире | tire |
| espaço (m) | оралиқ | oraliq |

| letra (f) | ҳарф | harf |
| letra (f) maiúscula | бош ҳарф | bosh harf |

| vogal (f) | унли товуш | unli tovush |
| consoante (f) | ундош товуш | undosh tovush |

| frase (f) | гап | gap |
| sujeito (m) | ега | ega |
| predicado (m) | кесим | kesim |

| linha (f) | сатр | satr |
| em uma nova linha | янги сатрдан | yangi satrdan |
| parágrafo (m) | абзац | abzats |

| palavra (f) | сўз | so'z |
| grupo (m) de palavras | сўз бирикмаси | so'z birikmasi |
| expressão (f) | ифода | ifoda |
| sinônimo (m) | синоним | sinonim |
| antônimo (m) | антоним | antonim |

| regra (f) | қоида | qoida |
| exceção (f) | истисно | istisno |
| correto (adj) | тўғри | to'g'ri |

| conjugação (f) | тусланиш | tuslanish |
| declinação (f) | турланиш | turlanish |
| caso (m) | келишик | kelishik |
| pergunta (f) | савол | savol |
| sublinhar (vt) | тагига чизмоқ | tagiga chizmoq |
| linha (f) pontilhada | пунктир | punktir |

## 121. Línguas estrangeiras

| língua (f) | тил | til |
| estrangeiro (adj) | чет | chet |
| língua (f) estrangeira | чет тили | chet tili |
| estudar (vt) | ўрганмоқ | o'rganmoq |
| aprender (vt) | ўрганмоқ | o'rganmoq |

| ler (vt) | ўқимоқ | o'qimoq |
| falar (vi) | гапирмоқ | gapirmoq |
| entender (vt) | тушунмоқ | tushunmoq |
| escrever (vt) | ёзмоқ | yozmoq |
| rapidamente | тез | tez |
| devagar, lentamente | секин | sekin |

| | | |
|---|---|---|
| fluentemente | еркин | erkin |
| regras (f pl) | қоидалар | qoidalar |
| gramática (f) | грамматика | grammatika |
| vocabulário (m) | лексика | leksika |
| fonética (f) | фонетика | fonetika |
| | | |
| livro (m) didático | дарслик | darslik |
| dicionário (m) | луғат | lug'at |
| manual (m) autodidático | мустақил ўрганиш учун қўлланма | mustaqil o'rganish uchun qo'llanma |
| guia (m) de conversação | сўзлашув китоби | so'zlashuv kitobi |
| | | |
| fita (f) cassete | кассета | kasseta |
| videoteipe (m) | видеокассета | videokasseta |
| CD (m) | СД-диск | CD-disk |
| DVD (m) | ДВД-диск | DVD-disk |
| | | |
| alfabeto (m) | алифбе | alifbe |
| soletrar (vt) | ҳарфлаб гапирмоқ | harflab gapirmoq |
| pronúncia (f) | талаффуз | talaffuz |
| | | |
| sotaque (m) | акцент | aktsent |
| com sotaque | акценциз | aktsentsiz |
| sem sotaque | акцент билан | aktsent bilan |
| | | |
| palavra (f) | сўз | so'z |
| sentido (m) | маъно | ma'no |
| | | |
| curso (m) | курслар | kurslar |
| inscrever-se (vr) | ёзилмоқ | yozilmoq |
| professor (m) | ўқитувчи | o'qituvchi |
| | | |
| tradução (processo) | таржима | tarjima |
| tradução (texto) | таржима | tarjima |
| tradutor (m) | таржимон | tarjimon |
| intérprete (m) | таржимон | tarjimon |
| | | |
| poliglota (m) | полиглот | poliglot |
| memória (f) | хотира | xotira |

## 122. Personagens de contos de fadas

| | | |
|---|---|---|
| Papai Noel (m) | Санта Клаус | Santa Klaus |
| Cinderela (f) | Золушка | Zolushka |
| sereia (f) | сув париси | suv parisi |
| Netuno (m) | Нептун | Neptun |
| | | |
| bruxo, feiticeiro (m) | сеҳргар | sehrgar |
| fada (f) | сеҳргар | sehrgar |
| mágico (adj) | сеҳрли | sehrli |
| varinha (f) mágica | сеҳрли таёқча | sehrli tayoqcha |
| | | |
| conto (m) de fadas | ертак | ertak |
| milagre (m) | мўъжиза | mo'jiza |

| | | |
|---|---|---|
| anão (m) | гном | gnom |
| transformar-se em … | … га айланмоқ | … ga aylanmoq |
| | | |
| fantasma (m) | кўланка | ko'lanka |
| fantasma (m) | арвоҳ | arvoh |
| monstro (m) | махлуқ | maxluq |
| dragão (m) | аждаҳо | ajdaho |
| gigante (m) | девқомат одам | devqomat odam |

## 123. Signos do Zodíaco

| | | |
|---|---|---|
| Áries (f) | Қўй | Qo'y |
| Touro (m) | Бузоқ | Buzoq |
| Gêmeos (m pl) | Егизаклар | Egizaklar |
| Câncer (m) | Қисқичбақа | Qisqichbaqa |
| Leão (m) | Шер | Sher |
| Virgem (f) | Паризод | Parizod |
| | | |
| Libra (f) | Тарози | Tarozi |
| Escorpião (m) | Чаён | Chayon |
| Sagitário (m) | ўқчи | o'qchi |
| Capricórnio (m) | Така | Taka |
| Aquário (m) | Далв | Dalv |
| Peixes (pl) | Балиқ | Baliq |
| | | |
| caráter (m) | феъл-атвор | fe'l-atvor |
| traços (m pl) do caráter | феъл-атвор хусусиятлари | fe'l-atvor xususiyatlari |
| comportamento (m) | хулқ | xulq |
| prever a sorte | фол очмоқ | fol ochmoq |
| adivinha (f) | фолбин хотин | folbin xotin |
| horóscopo (m) | гороскоп | goroskop |

# Artes

## 124. Teatro

| | | |
|---|---|---|
| teatro (m) | театр | teatr |
| ópera (f) | опера | opera |
| opereta (f) | оперетта | operetta |
| balé (m) | балет | balet |
| | | |
| cartaz (m) | афиша | afisha |
| companhia (f) de teatro | труппа | truppa |
| turnê (f) | гастроллар | gastrollar |
| estar em turnê | гастролга чиқмоқ | gastrolga chiqmoq |
| ensaiar (vt) | репетиция қилмоқ | repetitsiya qilmoq |
| ensaio (m) | репетиция | repetitsiya |
| repertório (m) | репертуар | repertuar |
| | | |
| apresentação (f) | томоша | tomosha |
| espetáculo (m) | спектакл | spektakl |
| peça (f) | песа | pesa |
| | | |
| entrada (m) | чипта | chipta |
| bilheteira (f) | чипта кассаси | chipta kassasi |
| hall (m) | холл | xoll |
| vestiário (m) | гардероб | garderob |
| senha (f) numerada | рақамча | raqamcha |
| binóculo (m) | дурбин | durbin |
| lanterninha (m) | назоратчи | nazoratchi |
| | | |
| plateia (f) | партер | parter |
| balcão (m) | балкон | balkon |
| primeiro balcão (m) | белетаж | beletaj |
| camarote (m) | ложа | loja |
| fila (f) | қатор | qator |
| assento (m) | ўрин | o'rin |
| | | |
| público (m) | томошабинлар | tomoshabinlar |
| espectador (m) | томошабин | tomoshabin |
| aplaudir (vt) | қарсак чалмоқ | qarsak chalmoq |
| aplauso (m) | қарсаклар | qarsaklar |
| ovação (f) | гулдурос қарсаклар | gulduros qarsaklar |
| | | |
| palco (m) | саҳна | sahna |
| cortina (f) | парда | parda |
| cenário (m) | декорация | dekoratsiya |
| bastidores (m pl) | саҳнадаги ён декорация | sahnadagi yon dekoratsiya |
| | | |
| cena (f) | кўриниш | ko'rinish |
| ato (m) | парда | parda |
| intervalo (m) | антракт | antrakt |

## 125. Cinema

| ator (m) | актёр | aktyor |
|---|---|---|
| atriz (f) | актриса | aktrisa |

| cinema (m) | кино | kino |
| filme (m) | кинофилм | kinofilm |
| episódio (m) | серия | seriya |

| filme (m) policial | детектив | detektiv |
| filme (m) de ação | довруғи кетган кинофилм | dovrug'i ketgan kinofilm |
| filme (m) de aventuras | саргузашт филм | sarguzasht film |
| filme (m) de ficção científica | фантастик филм | fantastik film |
| filme (m) de horror | даҳшатли филм | dahshatli film |

| comédia (f) | кинокомедия | kinokomediya |
| melodrama (m) | мелодрама | melodrama |
| drama (m) | драма | drama |

| filme (m) de ficção | бадиий филм | badiiy film |
| documentário (m) | ҳужжатли филм | hujjatli film |
| desenho (m) animado | мултфилм | multfilm |
| cinema (m) mudo | овозсиз кино | ovozsiz kino |

| papel (m) | рол | rol |
| papel (m) principal | бош рол | bosh rol |
| representar (vt) | ўйнамоқ | o'ynamoq |

| estrela (f) de cinema | кино юлдузи | kino yulduzi |
| conhecido (adj) | таниқли | taniqli |
| famoso (adj) | машҳур | mashhur |
| popular (adj) | оммабоп | ommabop |

| roteiro (m) | сценарий | stsenariy |
| roteirista (m) | сценарийчи | stsenariychi |
| diretor (m) de cinema | режиссёр | rejissyor |
| produtor (m) | продюсер | prodyuser |
| assistente (m) | ассистент | assistent |
| diretor (m) de fotografia | оператор | operator |
| dublê (m) | каскадёр | kaskadyor |
| dublê (m) de corpo | дублёр | dublyor |

| filmar (vt) | филмни суратга олмоқ | filmni suratga olmoq |
| audição (f) | синовлар | sinovlar |
| filmagem (f) | суратга олиш | suratga olish |
| equipe (f) de filmagem | суратга олиш гуруҳи | suratga olish guruhi |
| set (m) de filmagem | суратга олиш майдончаси | suratga olish maydonchasi |
| câmera (f) | кинокамера | kinokamera |

| cinema (m) | кинотеатр | kinoteatr |
| tela (f) | екран | ekran |
| exibir um filme | филмни намойиш қилмоқ | filmni namoyish qilmoq |

| trilha (f) sonora | товуш йўлкачаси | tovush yo'lkachasi |
| efeitos (m pl) especiais | махсус еффектлар | maxsus effektlar |

| legendas (f pl) | субтитрлар | subtitrlar |
| crédito (m) | титрлар | titrlar |
| tradução (f) | таржима | tarjima |

## 126. Pintura

| arte (f) | санъат | san'at |
| belas-artes (f pl) | нафис санъат | nafis san'at |
| galeria (f) de arte | галерея | galereya |
| exibição (f) de arte | расмлар кўргазмаси | rasmlar ko'rgazmasi |

| pintura (f) | рассомлик | rassomlik |
| arte (f) gráfica | графика | grafika |
| arte (f) abstrata | абстракционизм | abstraktsionizm |
| impressionismo (m) | импрессионизм | impressionizm |

| pintura (f), quadro (m) | расм, сурат | rasm, surat |
| desenho (m) | расм | rasm |
| cartaz, pôster (m) | плакат | plakat |

| ilustração (f) | иллюстрация | illyustratsiya |
| miniatura (f) | миниатюра | miniatyura |
| cópia (f) | нусха | nusxa |
| reprodução (f) | репродукция | reproduktsiya |

| mosaico (m) | мозаика | mozaika |
| vitral (m) | витраж | vitraj |
| afresco (m) | фреска | freska |
| gravura (f) | гравюра | gravyura |

| busto (m) | бюст | byust |
| escultura (f) | ҳайкал | haykal |
| estátua (f) | ҳайкал | haykal |
| gesso (m) | гипс | gips |
| em gesso (adj) | гипсдан | gipsdan |

| retrato (m) | портрет | portret |
| autorretrato (m) | автопортрет | avtoportret |
| paisagem (f) | манзара | manzara |
| natureza (f) morta | натюрморт | natyurmort |
| caricatura (f) | карикатура | karikatura |
| esboço (m) | хомаки лойиҳа | xomaki loyiha |

| tinta (f) | бўёқ | bo'yoq |
| aquarela (f) | акварел бўёқ | akvarel bo'yoq |
| tinta (f) a óleo | мойбўёқ | moybo'yoq |
| lápis (m) | қалам | qalam |
| tinta (f) nanquim | туш | tush |
| carvão (m) | кўмир | ko'mir |

| desenhar (vt) | расм чизмоқ | rasm chizmoq |
| pintar (vt) | расм чизмоқ | rasm chizmoq |
| posar (vi) | бирор қиёфада турмоқ | biror qiyofada turmoq |
| modelo (m) | натурачи | naturachi |

| modelo (f) | натурачи | naturachi |
| pintor (m) | рассом | rassom |
| obra (f) | асар | asar |
| obra-prima (f) | шоҳ асар | shoh asar |
| estúdio (m) | устахона | ustaxona |

| tela (f) | холст | xolst |
| cavalete (m) | молберт | molbert |
| paleta (f) | палитра | palitra |

| moldura (f) | рамка | ramka |
| restauração (f) | реставрация | restavratsiya |
| restaurar (vt) | реставрация қилмоқ | restavratsiya qilmoq |

## 127. Literatura & Poesia

| literatura (f) | адабиёт | adabiyot |
| autor (m) | муаллиф | muallif |
| pseudônimo (m) | тахаллус | taxallus |

| livro (m) | китоб | kitob |
| volume (m) | жилд | jild |
| índice (m) | мундарижа | mundarija |
| página (f) | саҳифа | sahifa |
| protagonista (m) | бош қаҳрамон | bosh qahramon |
| autógrafo (m) | дастхат | dastxat |

| conto (m) | ҳикоя | hikoya |
| novela (f) | қисса | qissa |
| romance (m) | роман | roman |
| obra (f) | асар | asar |
| fábula (m) | масал | masal |
| romance (m) policial | детектив | detektiv |

| verso (m) | шеър | she'r |
| poesia (f) | шеърият | she'riyat |
| poema (m) | достон | doston |
| poeta (m) | шоир | shoir |

| ficção (f) | беллетристика | belletristika |
| ficção (f) científica | илмий фантастика | ilmiy fantastika |
| aventuras (f pl) | саргузашт | sarguzasht |
| literatura (f) didática | ўқув адабиёти | o'quv adabiyoti |
| literatura (f) infantil | болалар адабиёти | bolalar adabiyoti |

## 128. Circo

| circo (m) | сирк | sirk |
| circo (m) ambulante | сирк-шапито | sirk-shapito |
| programa (m) | дастур | dastur |
| apresentação (f) | томоша | tomosha |
| número (m) | номер | nomer |

| | | |
|---|---|---|
| picadeiro (f) | арена | arena |
| pantomima (f) | пантомима | pantomima |
| palhaço (m) | машарабоз | masharaboz |
| | | |
| acrobata (m) | акробат | akrobat |
| acrobacia (f) | акробатика | akrobatika |
| ginasta (m) | гимнаст | gimnast |
| ginástica (f) | гимнастика | gimnastika |
| salto (m) mortal | салто | salto |
| | | |
| homem (m) forte | атлет | atlet |
| domador (m) | бўйсиндирувчи | bo'ysindiruvchi |
| cavaleiro (m) equilibrista | чавандоз | chavandoz |
| assistente (m) | ассистент | assistent |
| | | |
| truque (m) | хунар | xunar |
| truque (m) de mágica | фокус | fokus |
| ilusionista (m) | фокусчи | fokuschi |
| | | |
| malabarista (m) | жонглёр | jonglyor |
| fazer malabarismos | жонглёрлик қилмоқ | jonglyorlik qilmoq |
| adestrador (m) | ҳайвонларни ўргатувчи | hayvonlarni o'rgatuvchi |
| adestramento (m) | ҳайвонларни ўргатиш | hayvonlarni o'rgatish |
| adestrar (vt) | ҳайвонларни ўргатмоқ | hayvonlarni o'rgatmoq |

## 129. Música. Música popular

| | | |
|---|---|---|
| música (f) | мусиқа | musiqa |
| músico (m) | мусиқачи | musiqachi |
| instrumento (m) musical | мусиқа асбоби | musiqa asbobi |
| tocar ... | ... да ўйнамоқ | ... da o'ynamoq |
| | | |
| guitarra (f) | гитара | gitara |
| violino (m) | скрипка | skripka |
| violoncelo (m) | виолончел | violonchel |
| contrabaixo (m) | контрабас | kontrabas |
| harpa (f) | арфа | arfa |
| | | |
| piano (m) | пианино | pianino |
| piano (m) de cauda | роял | royal |
| órgão (m) | орган | organ |
| | | |
| instrumentos (m pl) de sopro | пуфлаб чалинадиган асбоблар | puflab chalinadigan asboblar |
| oboé (m) | гобой | goboy |
| saxofone (m) | саксофон | saksofon |
| clarinete (m) | кларнет | klarnet |
| flauta (f) | най | nay |
| trompete (m) | труба | truba |
| | | |
| acordeão (m) | аккордеон | akkordeon |
| tambor (m) | дўмбира | do'mbira |
| dueto (m) | дует | duet |
| trio (m) | трио | trio |

| quarteto (m) | квартет | kvartet |
| coro (m) | хор | xor |
| orquestra (f) | оркестр | orkestr |

| música (f) pop | поп-мусиқа | pop-musiqa |
| música (f) rock | рок-мусиқа | rok-musiqa |
| grupo (m) de rock | рок-гурух | rok-guruh |
| jazz (m) | джаз | djaz |

| ídolo (m) | санам | sanam |
| fã, admirador (m) | мухлис | muxlis |

| concerto (m) | концерт | kontsert |
| sinfonia (f) | симфония | simfoniya |
| composição (f) | асар | asar |
| compor (vt) | ёзмоқ | yozmoq |

| canto (m) | қўшиқ айтиш | qo'shiq aytish |
| canção (f) | қўшиқ | qo'shiq |
| melodia (f) | мелодия | melodiya |
| ritmo (m) | ритм | ritm |
| blues (m) | блюз | blyuz |

| notas (f pl) | ноталар | notalar |
| batuta (f) | таёқча | tayoqcha |
| arco (m) | камонча | kamoncha |
| corda (f) | тор | tor |
| estojo (m) | ғилоф | g'ilof |

# Descanso. Entretenimento. Viagens

## 130. Viagens

| | | |
|---|---|---|
| turismo (m) | туризм | turizm |
| turista (m) | сайёҳ | sayyoh |
| viagem (f) | саёҳат | sayohat |
| aventura (f) | саргузашт | sarguzasht |
| percurso (curta viagem) | сафарга бориб келиш | safarga borib kelish |
| | | |
| férias (f pl) | таътил | ta'til |
| estar de férias | таътилга чиқмоқ | ta'tilga chiqmoq |
| descanso (m) | дам олиш | dam olish |
| | | |
| trem (m) | поезд | poezd |
| de trem (chegar ~) | поездда | poezdda |
| avião (m) | самолёт | samolyot |
| de avião | самолётда | samolyotda |
| de carro | автомобилда | avtomobilda |
| de navio | кемада | kemada |
| | | |
| bagagem (f) | юк | yuk |
| mala (f) | чамадон | chamadon |
| carrinho (m) | чамадон учун аравача | chamadon uchun aravacha |
| | | |
| passaporte (m) | паспорт | pasport |
| visto (m) | виза | viza |
| passagem (f) | чипта | chipta |
| passagem (f) aérea | авиачипта | aviachipta |
| | | |
| guia (m) de viagem | йўлкўрсаткич | yo'lko'rsatkich |
| mapa (m) | харита | xarita |
| área (f) | жой | joy |
| lugar (m) | жой | joy |
| | | |
| exotismo (m) | екзотика | ekzotika |
| exótico (adj) | екзотик | ekzotik |
| surpreendente (adj) | ажойиб | ajoyib |
| | | |
| grupo (m) | гуруҳ | guruh |
| excursão (f) | екскурсия | ekskursiya |
| guia (m) | екскурсия раҳбари | ekskursiya rahbari |

## 131. Hotel

| | | |
|---|---|---|
| hotel (m) | меҳмонхона | mehmonxona |
| motel (m) | мотел | motel |
| três estrelas | уч юлдуз | uch yulduz |

| cinco estrelas | беш юлдуз | besh yulduz |
| ficar (vi, vt) | тўхтамоқ | to'xtamoq |

| quarto (m) | номер, хона | nomer, xona |
| quarto (m) individual | бир ўринли номер | bir o'rinli nomer |
| quarto (m) duplo | икки ўринли номер | ikki o'rinli nomer |
| reservar um quarto | номерни банд қилмоқ | nomerni band qilmoq |

| meia pensão (f) | ярим пансион | yarim pansion |
| pensão (f) completa | тўлиқ пансион | to'liq pansion |

| com banheira | ваннаси билан | vannasi bilan |
| com chuveiro | души билан | dushi bilan |
| televisão (m) por satélite | спутник телевиденияси | sputnik televideniyasi |
| ar (m) condicionado | кондиционер | konditsioner |
| toalha (f) | сочиқ | sochiq |
| chave (f) | калит | kalit |

| administrador (m) | маъмур | ma'mur |
| camareira (f) | ходима | xodima |
| bagageiro (m) | ҳаммол | hammol |
| porteiro (m) | порте | porte |

| restaurante (m) | ресторан | restoran |
| bar (m) | бар | bar |
| café (m) da manhã | нонушта | nonushta |
| jantar (m) | кечки овқат | kechki ovqat |
| bufê (m) | швед столи | shved stoli |

| saguão (m) | вестибюл | vestibyul |
| elevador (m) | лифт | lift |

| NÃO PERTURBE | БЕЗОВТА ҚИЛИНМАСИН! | BEZOVTA QILINMASIN! |
| PROIBIDO FUMAR! | СҲЕКИЛМАСИН! | CHEKILMASIN! |

## 132. Livros. Leitura

| livro (m) | китоб | kitob |
| autor (m) | муаллиф | muallif |
| escritor (m) | ёзувчи | yozuvchi |
| escrever (~ um livro) | ёзмоқ | yozmoq |

| leitor (m) | китобхон | kitobxon |
| ler (vt) | ўқимоқ | o'qimoq |
| leitura (f) | ўқиш | o'qish |

| para si | ичида | ichida |
| em voz alta | овоз чиқариб | ovoz chiqarib |

| publicar (vt) | нашр қилмоқ | nashr qilmoq |
| publicação (f) | нашр | nashr |
| editor (m) | ношир | noshir |
| editora (f) | нашриёт | nashriyot |
| sair (vi) | чиқмоқ | chiqmoq |

| lançamento (m) | чиқиш | chiqish |
| tiragem (f) | тираж | tiraj |

| livraria (f) | китоб дўкони | kitob do'koni |
| biblioteca (f) | кутубхона | kutubxona |

| novela (f) | қисса | qissa |
| conto (m) | ҳикоя | hikoya |
| romance (m) | роман | roman |
| romance (m) policial | детектив | detektiv |

| memórias (f pl) | мемуарлар | memuarlar |
| lenda (f) | ривоят | rivoyat |
| mito (m) | афсона | afsona |

| poesia (f) | шеър | she'r |
| autobiografia (f) | таржимаи ҳол | tarjimai hol |
| obras (f pl) escolhidas | сайланма | saylanma |
| ficção (f) científica | илмий фантастика | ilmiy fantastika |

| título (m) | номи | nomi |
| introdução (f) | кириш | kirish |
| folha (f) de rosto | титул вараги | titul varag'i |

| capítulo (m) | боб | bob |
| excerto (m) | парча | parcha |
| episódio (m) | епизод | epizod |

| enredo (m) | сюжет | syujet |
| conteúdo (m) | мундарижа | mundarija |
| índice (m) | мундарижа | mundarija |
| protagonista (m) | бош қаҳрамон | bosh qahramon |

| volume (m) | жилд | jild |
| capa (f) | муқова | muqova |
| encadernação (f) | муқовалаш | muqovalash |
| marcador (m) de página | хатчўп | xatcho'p |

| página (f) | саҳифа | sahifa |
| folhear (vt) | варақлаш | varaqlash |
| margem (f) | ҳошия | hoshiya |
| anotação (f) | белги | belgi |
| nota (f) de rodapé | изоҳ | izoh |

| texto (m) | матн | matn |
| fonte (f) | шрифт | shrift |
| falha (f) de impressão | теришда йўл қўйилган хато | terishda yo'l qo'yilgan xato |

| tradução (f) | таржима | tarjima |
| traduzir (vt) | таржима қилмоқ | tarjima qilmoq |
| original (m) | асл | asl |

| famoso (adj) | машҳур | mashhur |
| desconhecido (adj) | номаълум | noma'lum |
| interessante (adj) | қизиқарли | qiziqarli |

| best-seller (m) | бесцеллер | bestseller |
| dicionário (m) | луғат | lug'at |
| livro (m) didático | дарслик | darslik |
| enciclopédia (f) | енциклопедия | entsiklopediya |

## 133. Caça. Pesca

| caça (f) | ов | ov |
| caçar (vi) | ов қилмоқ | ov qilmoq |
| caçador (m) | овчи | ovchi |

| disparar, atirar (vi) | отмоқ | otmoq |
| rifle (m) | милтиқ | miltiq |
| cartucho (m) | патрон | patron |
| chumbo (m) de caça | питра | pitra |

| armadilha (f) | қопқон | qopqon |
| armadilha (com corda) | тузоқ | tuzoq |
| cair na armadilha | қопқонга тушмоқ | qopqonga tushmoq |
| pôr a armadilha | қопқон қўймоқ | qopqon qo'ymoq |

| caçador (m) furtivo | браконер | brakoner |
| caça (animais) | илвасин | ilvasin |
| cão (m) de caça | овчи ит | ovchi it |
| safári (m) | сафари | safari |
| animal (m) empalhado | тулум | tulum |

| pescador (m) | балиқчи | baliqchi |
| pesca (f) | балиқ ови | baliq ovi |
| pescar (vt) | балиқ овламоқ | baliq ovlamoq |

| vara (f) de pesca | қармоқ | qarmoq |
| linha (f) de pesca | қармоқ ипи | qarmoq ipi |
| anzol (m) | илгак | ilgak |
| boia (f), flutuador (m) | пўкак | po'kak |
| isca (f) | хўрак | xo'rak |

| lançar a linha | қармоқ ташламоқ | qarmoq tashlamoq |
| morder (peixe) | чўқиламоқ | cho'qilamoq |

| pesca (f) | овланган нарсалар | ovlangan narsalar |
| buraco (m) no gelo | муздаги ўйиқ | muzdagi o'yiq |

| rede (f) | тўр | to'r |
| barco (m) | қайиқ | qayiq |

| pescar com rede | тўр билан овламоқ | to'r bilan ovlamoq |
| lançar a rede | тўр ташламоқ | to'r tashlamoq |
| puxar a rede | тўрни кўтармоқ | to'rni ko'tarmoq |
| cair na rede | тўрга илинмоқ | to'rga ilinmoq |

| baleeiro (m) | кит овловчи | kit ovlovchi |
| baleeira (f) | кит овловчи кема | kit ovlovchi kema |
| arpão (m) | гарпун | garpun |

## 134. Jogos. Bilhar

| bilhar (m) | билярд | bilyard |
|---|---|---|
| sala (f) de bilhar | билярдхона | bilyardxona |
| bola (f) de bilhar | билярд шари | bilyard shari |
| | | |
| embolsar uma bola | шарни уриб киритмоқ | sharni urib kiritmoq |
| taco (m) | кий | kiy |
| caçapa (f) | луза | luza |

## 135. Jogos. Jogar cartas

| ouros (m pl) | ғиштин | g'ishtin |
|---|---|---|
| espadas (f pl) | қарға | qarg'a |
| copas (f pl) | таппон | tappon |
| paus (m pl) | чиллик | chillik |
| | | |
| ás (m) | туз | tuz |
| rei (m) | қирол | qirol |
| dama (f), rainha (f) | мотка | motka |
| valete (m) | саллот | sallot |
| | | |
| carta (f) de jogar | қарта | qarta |
| cartas (f pl) | қарталар | qartalar |
| trunfo (m) | кузир | kuzir |
| baralho (m) | қарта дастаси | qarta dastasi |
| | | |
| ponto (m) | очко | ochko |
| dar, distribuir (vt) | улашмоқ | ulashmoq |
| embaralhar (vt) | чийламоқ | chiylamoq |
| vez, jogada (f) | юриш | yurish |
| trapaceiro (m) | ғиррom | g'irrom |

## 136. Descanso. Jogos. Diversos

| passear (vi) | сайр қилмоқ | sayr qilmoq |
|---|---|---|
| passeio (m) | сайр | sayr |
| viagem (f) de carro | сайр | sayr |
| aventura (f) | саргузашт | sarguzasht |
| piquenique (m) | боғ сайри | bog' sayri |
| | | |
| jogo (m) | ўйин | o'yin |
| jogador (m) | ўйинчи | o'yinchi |
| partida (f) | партия | partiya |
| | | |
| colecionador (m) | коллекционер | kollektsioner |
| colecionar (vt) | коллекция йиғмоқ | kollektsiya yig'moq |
| coleção (f) | коллекция | kollektsiya |
| | | |
| palavras (f pl) cruzadas | кроссворд | krossvord |
| hipódromo (m) | ипподром | ippodrom |

| discoteca (f) | дискотека | diskoteka |
| sauna (f) | сауна | sauna |
| loteria (f) | лотерея | lotereya |

| campismo (m) | сафар | safar |
| acampamento (m) | қароргох | qarorgoh |
| barraca (f) | чодир | chodir |
| bússola (f) | компас | kompas |
| campista (m) | турист | turist |

| ver (vt), assistir à ... | кўрмоқ | ko'rmoq |
| telespectador (m) | телетомошабин | teletomoshabin |
| programa (m) de TV | телеешиттириш | teleeshittirish |

## 137. Fotografia

| máquina (f) fotográfica | фотоаппарат | fotoapparat |
| foto, fotografia (f) | фото | foto |

| fotógrafo (m) | фотосуратчи | fotosuratchi |
| estúdio (m) fotográfico | фотостудия | fotostudiya |
| álbum (m) de fotografias | фотоалбом | fotoalbom |

| lente (f) fotográfica | объектив | ob'ektiv |
| lente (f) teleobjetiva | телеобъектив | teleob'ektiv |
| filtro (m) | филтр | filtr |
| lente (f) | линза | linza |

| ótica (f) | оптика | optika |
| abertura (f) | диафрагма | diafragma |
| exposição (f) | видержка | viderjka |
| visor (m) | видоискател | vidoiskatel |

| câmera (f) digital | рақамли камера | raqamli kamera |
| tripé (m) | штатив | shtativ |
| flash (m) | вспишка | vspishka |

| fotografar (vt) | фотосурат олмоқ | fotosurat olmoq |
| tirar fotos | суратга олмоқ | suratga olmoq |
| fotografar-se (vr) | суратга тушмоқ | suratga tushmoq |

| foco (m) | равшанлик | ravshanlik |
| focar (vt) | равшанликни созлаш | ravshanlikni sozlash |
| nítido (adj) | равшан | ravshan |
| nitidez (f) | равшанлик | ravshanlik |

| contraste (m) | контраст | kontrast |
| contrastante (adj) | контрастли | kontrastli |

| retrato (m) | сурат | surat |
| negativo (m) | негатив | negativ |
| filme (m) | фотоплёнка | fotoplyonka |
| fotograma (m) | кадр | kadr |
| imprimir (vt) | босмоқ | bosmoq |

## 138. Praia. Natação

| | | |
|---|---|---|
| praia (f) | пляж | plyaj |
| areia (f) | қум | qum |
| deserto (adj) | чўлга ўхшаган | cho'lga o'xshagan |
| | | |
| bronzeado (m) | офтобда қорайиш | oftobda qorayish |
| bronzear-se (vr) | офтобда қораймоқ | oftobda qoraymoq |
| bronzeado (adj) | офтобда қорайган | oftobda qoraygan |
| protetor (m) solar | қорайиш учун крем | qorayish uchun krem |
| | | |
| biquíni (m) | бикини | bikini |
| maiô (m) | купалник | kupalnik |
| calção (m) de banho | плавка | plavka |
| | | |
| piscina (f) | ховуз | hovuz |
| nadar (vi) | сузмоқ | suzmoq |
| chuveiro (m), ducha (f) | душ | dush |
| mudar, trocar (vt) | кийим алмаштирмоқ | kiyim almashtirmoq |
| toalha (f) | сочиқ | sochiq |
| | | |
| barco (m) | қайиқ | qayiq |
| lancha (f) | катер | kater |
| esqui (m) aquático | сув чанғиси | suv chang'isi |
| barco (m) de pedais | сув велосипеди | suv velosipedi |
| surf, surfe (m) | серфинг | serfing |
| surfista (m) | серфингчи | serfingchi |
| | | |
| equipamento (m) de mergulho | акваланг | akvalang |
| pé (m pl) de pato | ласта | lasta |
| máscara (f) | маска | maska |
| mergulhador (m) | шўнғувчи | sho'ng'uvchi |
| mergulhar (vi) | шўнғимоқ | sho'ng'imoq |
| debaixo d'água | сув остида | suv ostida |
| | | |
| guarda-sol (m) | соябон | soyabon |
| espreguiçadeira (f) | шезлонг | shezlong |
| óculos (m pl) de sol | кўзойнак | ko'zoynak |
| colchão (m) de ar | сузиш учун матрац | suzish uchun matrats |
| | | |
| brincar (vi) | ўйнамоқ | o'ynamoq |
| ir nadar | чўмилмоқ | cho'milmoq |
| | | |
| bola (f) de praia | тўп | to'p |
| encher (vt) | шиширмоқ | shishirmoq |
| inflável (adj) | шишириладиган | shishiriladigan |
| | | |
| onda (f) | тўлқин | to'lqin |
| boia (f) | буй | buy |
| afogar-se (vr) | чўкмоқ | cho'kmoq |
| | | |
| salvar (vt) | қутқармоқ | qutqarmoq |
| colete (m) salva-vidas | қутқарув жилети | qutqaruv jileti |
| observar (vt) | кузатмоқ | kuzatmoq |
| salva-vidas (pessoa) | қутқарувчи | qutqaruvchi |

# EQUIPAMENTO TÉCNICO. TRANSPORTES

## Equipamento técnico. Transportes

### 139. Computador

| | | |
|---|---|---|
| computador (m) | компютер | kompyuter |
| computador (m) portátil | ноутбук | noutbuk |
| | | |
| ligar (vt) | ёқмоқ | yoqmoq |
| desligar (vt) | ўчирмоқ | o'chirmoq |
| | | |
| teclado (m) | клавиатура | klaviatura |
| tecla (f) | клавиша | klavisha |
| mouse (m) | сичқон | sichqon |
| tapete (m) para mouse | гиламча | gilamcha |
| | | |
| botão (m) | тугма | tugma |
| cursor (m) | курсор | kursor |
| | | |
| monitor (m) | монитор | monitor |
| tela (f) | экран | ekran |
| | | |
| disco (m) rígido | қаттиқ диск | qattiq disk |
| capacidade (f) do disco rígido | қаттиқ диск хотирасининг ҳажми | qattiq disk xotirasining hajmi |
| memória (f) | хотира | xotira |
| memória RAM (f) | оператив хотира | operativ xotira |
| | | |
| arquivo (m) | файл | fayl |
| pasta (f) | папка | papka |
| abrir (vt) | очмоқ | ochmoq |
| fechar (vt) | ёпмоқ | yopmoq |
| | | |
| salvar (vt) | сақламоқ | saqlamoq |
| deletar (vt) | йўқ қилмоқ | yo'q qilmoq |
| copiar (vt) | нусха кўчирмоқ | nusxa ko'chirmoq |
| ordenar (vt) | сараламоқ | saralamoq |
| copiar (vt) | қайта ёзмоқ | qayta yozmoq |
| | | |
| programa (m) | дастур | dastur |
| software (m) | дастурий таъминот | dasturiy ta'minot |
| programador (m) | дастурчи | dasturchi |
| programar (vt) | дастурлаштирмоқ | dasturlashtirmoq |
| | | |
| hacker (m) | хакер | xaker |
| senha (f) | парол | parol |
| vírus (m) | вирус | virus |
| detectar (vt) | аниқламоқ | aniqlamoq |

| byte (m) | байт | bayt |
| megabyte (m) | мегабайт | megabayt |

| dados (m pl) | маълумотлар | ma'lumotlar |
| base (f) de dados | маълумотлар базаси | ma'lumotlar bazasi |

| cabo (m) | кабел | kabel |
| desconectar (vt) | ажратмоқ | ajratmoq |
| conectar (vt) | уламоқ | ulamoq |

## 140. Internet. E-mail

| internet (f) | интернет | internet |
| browser (m) | браузер | brauzer |
| motor (m) de busca | қидирув ресурси | qidiruv resursi |
| provedor (m) | провайдер | provayder |

| webmaster (m) | веб-мастер | veb-master |
| website (m) | веб-сайт | veb-sayt |
| web page (f) | веб-саҳифа | veb-sahifa |

| endereço (m) | манзил | manzil |
| livro (m) de endereços | манзил китоби | manzil kitobi |

| caixa (f) de correio | почта қутиси | pochta qutisi |
| correio (m) | почта | pochta |
| cheia (caixa de correio) | тўлиб кетган | to'lib ketgan |

| mensagem (f) | хабар | xabar |
| mensagens (f pl) recebidas | кирувчи хабарлар | kiruvchi xabarlar |
| mensagens (f pl) enviadas | чиқувчи хабарлар | chiquvchi xabarlar |

| remetente (m) | юборувчи | yuboruvchi |
| enviar (vt) | жўнатмоқ | jo'natmoq |
| envio (m) | жўнатиш | jo'natish |

| destinatário (m) | олувчи | oluvchi |
| receber (vt) | олмоқ | olmoq |

| correspondência (f) | ёзишма | yozishma |
| corresponder-se (vr) | ёзишмоқ | yozishmoq |

| arquivo (m) | файл | fayl |
| fazer download, baixar (vt) | кўчирмоқ | ko'chirmoq |
| criar (vt) | яратмоқ | yaratmoq |
| deletar (vt) | йўқ қилмоқ | yo'q qilmoq |
| deletado (adj) | йўқ қилинган | yo'q qilingan |

| conexão (f) | алоқа | aloqa |
| velocidade (f) | тезлик | tezlik |
| modem (m) | модем | modem |
| acesso (m) | кириш имконияти | kirish imkoniyati |
| porta (f) | порт | port |
| conexão (f) | уланиш | ulanish |

| conectar (vi) | уланмоқ | ulanmoq |
| escolher (vt) | танламоқ | tanlamoq |
| buscar (vt) | изламоқ | izlamoq |

# Transportes

## 141. Avião

| | | |
|---|---|---|
| avião (m) | самолёт | samolyot |
| passagem (f) aérea | авиачипта | aviachipta |
| companhia (f) aérea | авиакомпания | aviakompaniya |
| aeroporto (m) | аэропорт | aeroport |
| supersônico (adj) | товушдан тез | tovushdan tez |
| | | |
| comandante (m) do avião | кема командири | kema komandiri |
| tripulação (f) | екипаж | ekipaj |
| piloto (m) | учувчи | uchuvchi |
| aeromoça (f) | стюардесса | styuardessa |
| copiloto (m) | штурман | shturman |
| | | |
| asas (f pl) | қанотлар | qanotlar |
| cauda (f) | дум | dum |
| cabine (f) | кабина | kabina |
| motor (m) | двигател | dvigatel |
| trem (m) de pouso | шасси | shassi |
| turbina (f) | турбина | turbina |
| | | |
| hélice (f) | пропеллер | propeller |
| caixa-preta (f) | қора яшик | qora yashik |
| coluna (f) de controle | штурвал | shturval |
| combustível (m) | ёқилғи | yoqilg'i |
| | | |
| instruções (f pl) de segurança | инструкция | instruktsiya |
| máscara (f) de oxigênio | кислород маскаси | kislorod maskasi |
| uniforme (m) | униформа | uniforma |
| | | |
| colete (m) salva-vidas | қутқарув жилети | qutqaruv jileti |
| paraquedas (m) | парашют | parashyut |
| | | |
| decolagem (f) | учиш | uchish |
| descolar (vi) | учиб чиқмоқ | uchib chiqmoq |
| pista (f) de decolagem | учиш майдони | uchish maydoni |
| | | |
| visibilidade (f) | кўриниш | ko'rinish |
| voo (m) | парвоз | parvoz |
| | | |
| altura (f) | баландлик | balandlik |
| poço (m) de ar | ҳаво ўпқони | havo o'pqoni |
| | | |
| assento (m) | ўрин | o'rin |
| fone (m) de ouvido | наушниклар | naushniklar |
| mesa (f) retrátil | қайтарма столча | qaytarma stolcha |
| janela (f) | иллюминатор | illyuminator |
| corredor (m) | ўтиш йўли | o'tish yo'li |

## 142. Comboio

| trem (m) | поезд | poezd |
| trem (m) elétrico | електр поезди | elektr poezdi |
| trem (m) | тезюрар поезд | tezyurar poezd |
| locomotiva (f) diesel | тепловоз | teplovoz |
| locomotiva (f) a vapor | паровоз | parovoz |
| | | |
| vagão (f) de passageiros | вагон | vagon |
| vagão-restaurante (m) | вагон-ресторан | vagon-restoran |
| | | |
| carris (m pl) | релслар | relslar |
| estrada (f) de ferro | темир йўл | temir yo'l |
| travessa (f) | шпала | shpala |
| | | |
| plataforma (f) | платформа | platforma |
| linha (f) | йўл | yo'l |
| semáforo (m) | семафор | semafor |
| estação (f) | станция | stantsiya |
| | | |
| maquinista (m) | машинист | mashinist |
| bagageiro (m) | ҳаммол | hammol |
| hospedeiro, -a (m, f) | проводник | provodnik |
| passageiro (m) | йўловчи | yo'lovchi |
| revisor (m) | назоратчи | nazoratchi |
| | | |
| corredor (m) | йўлак | yo'lak |
| freio (m) de emergência | стоп-кран | stop-kran |
| | | |
| compartimento (m) | купе | kupe |
| cama (f) | полка | polka |
| cama (f) de cima | юқори полка | yuqori polka |
| cama (f) de baixo | пастки полка | pastki polka |
| roupa (f) de cama | чойшаб | choyshab |
| | | |
| passagem (f) | чипта | chipta |
| horário (m) | жадвал | jadval |
| painel (m) de informação | табло | tablo |
| | | |
| partir (vt) | жўнамоқ | jo'namoq |
| partida (f) | жўнаш | jo'nash |
| chegar (vi) | етиб келмоқ | etib kelmoq |
| chegada (f) | етиб келиш | etib kelish |
| | | |
| chegar de trem | поезда келмоқ | poezda kelmoq |
| pegar o trem | поедга ўтирмоқ | poedga o'tirmoq |
| descer de trem | поезддан тушмоқ | poezddan tushmoq |
| | | |
| acidente (m) ferroviário | ҳалокат | halokat |
| descarrilar (vi) | релслардан чиқиб кетмоқ | relslardan chiqib ketmoq |
| | | |
| locomotiva (f) a vapor | паровоз | parovoz |
| foguista (m) | ўтёқар | o'tyoqar |
| fornalha (f) | ўтхона | o'txona |
| carvão (m) | кўмир | ko'mir |

## 143. Barco

| | | |
|---|---|---|
| navio (m) | кема | kema |
| embarcação (f) | кема | kema |
| | | |
| barco (m) a vapor | пароход | paroxod |
| barco (m) fluvial | теплоход | teploxod |
| transatlântico (m) | лайнер | layner |
| cruzeiro (m) | крейсер | kreyser |
| | | |
| iate (m) | яхта | yaxta |
| rebocador (m) | шатакчи кема | shatakchi kema |
| barcaça (f) | баржа | barja |
| ferry (m) | паром | parom |
| | | |
| veleiro (m) | елканли кема | elkanli kema |
| bergantim (m) | бригантина | brigantina |
| | | |
| quebra-gelo (m) | музёрар | muzyorar |
| submarino (m) | сув ости кемаси | suv osti kemasi |
| | | |
| bote, barco (m) | қайиқ | qayiq |
| baleeira (bote salva-vidas) | шлюпка | shlyupka |
| bote (m) salva-vidas | қутқарув шлюпкаси | qutqaruv shlyupkasi |
| lancha (f) | катер | kater |
| | | |
| capitão (m) | капитан | kapitan |
| marinheiro (m) | матрос | matros |
| marujo (m) | денгизчи | dengizchi |
| tripulação (f) | екипаж | ekipaj |
| | | |
| contramestre (m) | боцман | botsman |
| grumete (m) | юнга | yunga |
| cozinheiro (m) de bordo | кок | kok |
| médico (m) de bordo | кема врачи | kema vrachi |
| | | |
| convés (m) | палуба | paluba |
| mastro (m) | мачта | machta |
| vela (f) | елкан | elkan |
| | | |
| porão (m) | трюм | tryum |
| proa (f) | тумшуқ | tumshuq |
| popa (f) | қуйруқ | quyruq |
| remo (m) | ешкак | eshkak |
| hélice (f) | винт | vint |
| | | |
| cabine (m) | каюта | kayuta |
| sala (f) dos oficiais | кают-компания | kayut-kompaniya |
| sala (f) das máquinas | машина бўлинмаси | mashina bo'linmasi |
| ponte (m) de comando | капитан кўприкчаси | kapitan ko'prikchasi |
| sala (f) de comunicações | радиорубка | radiorubka |
| onda (f) | тўлқин | to'lqin |
| diário (m) de bordo | кема журнали | kema jurnali |
| luneta (f) | узун дурбин | uzun durbin |
| sino (m) | қўнғироқ | qo'ng'iroq |

| | | |
|---|---|---|
| bandeira (f) | байроқ | bayroq |
| cabo (m) | йўғон арқон | yo'g'on arqon |
| nó (m) | тугун | tugun |
| | | |
| corrimão (m) | тутқич | tutqich |
| prancha (f) de embarque | трап | trap |
| | | |
| âncora (f) | лангар | langar |
| recolher a âncora | лангар кўтармоқ | langar ko'tarmoq |
| jogar a âncora | лангар ташламоқ | langar tashlamoq |
| amarra (corrente de âncora) | лангар занжири | langar zanjiri |
| | | |
| porto (m) | порт | port |
| cais, amarradouro (m) | причал | prichal |
| atracar (vi) | келиб тўхтамоқ | kelib to'xtamoq |
| desatracar (vi) | жўнамоқ | jo'namoq |
| | | |
| viagem (f) | саёҳат | sayohat |
| cruzeiro (m) | денгиз саёҳати | dengiz sayohati |
| rumo (m) | курс | kurs |
| itinerário (m) | маршрут | marshrut |
| | | |
| canal (m) de navegação | фарватер | farvater |
| banco (m) de areia | саёзлик | sayozlik |
| encalhar (vt) | саёзликка ўтирмоқ | sayozlikka o'tirmoq |
| | | |
| tempestade (f) | довул | dovul |
| sinal (m) | сигнал | signal |
| afundar-se (vr) | чўкмоқ | cho'kmoq |
| Homem ao mar! | сувда одам бор! | suvda odam bor! |
| SOS | СОС! | SOS! |
| boia (f) salva-vidas | қутқариш ҳалқаси | qutqarish halqasi |

## 144. Aeroporto

| | | |
|---|---|---|
| aeroporto (m) | аэропорт | aeroport |
| avião (m) | самолёт | samolyot |
| companhia (f) aérea | авиакомпания | aviakompaniya |
| controlador (m) de tráfego aéreo | диспетчер | dispetcher |
| | | |
| partida (f) | учиб кетиш | uchib ketish |
| chegada (f) | учиб келиш | uchib kelish |
| chegar (vi) | учиб келмоқ | uchib kelmoq |
| | | |
| hora (f) de partida | учиб кетиш вақти | uchib ketish vaqti |
| hora (f) de chegada | учиб келиш вақти | uchib kelish vaqti |
| | | |
| estar atrasado | кечикмоқ | kechikmoq |
| atraso (m) de voo | учиб кетишнинг кечикиши | uchib ketishning kechikishi |
| | | |
| painel (m) de informação | маълумотлар таблоси | ma'lumotlar tablosi |
| informação (f) | маълумот | ma'lumot |
| anunciar (vt) | эълон қилмоқ | e'lon qilmoq |

| voo (m) | рейс | reys |
| alfândega (f) | божхона | bojxona |
| funcionário (m) da alfândega | божхона ходими | bojxona xodimi |

| declaração (f) alfandegária | декларация | deklaratsiya |
| preencher (vt) | тўлдирмоқ | to'ldirmoq |
| preencher a declaração | декларация тўлдирмоқ | deklaratsiya to'ldirmoq |
| controle (m) de passaporte | паспорт назорати | pasport nazorati |

| bagagem (f) | юк | yuk |
| bagagem (f) de mão | қўл юки | qo'l yuki |
| carrinho (m) | аравача | aravacha |

| pouso (m) | қўниш | qo'nish |
| pista (f) de pouso | қўниш майдони | qo'nish maydoni |
| aterrissar (vi) | қўнмоқ | qo'nmoq |
| escada (f) de avião | трап | trap |

| check-in (m) | рўйхатдан ўтиш | ro'yxatdan o'tish |
| balcão (m) do check-in | рўйхатдан ўтиш жойи | ro'yxatdan o'tish joyi |
| fazer o check-in | рўйхатдан ўтмоқ | ro'yxatdan o'tmoq |
| cartão (m) de embarque | чиқиш талони | chiqish taloni |
| portão (m) de embarque | чиқиш | chiqish |

| trânsito (m) | транзит | tranzit |
| esperar (vi, vt) | кутмоқ | kutmoq |
| sala (f) de espera | кутиш зали | kutish zali |
| despedir-se (acompanhar) | кузатмоқ | kuzatmoq |
| despedir-se (dizer adeus) | хайрлашмоқ | xayrlashmoq |

## 145. Bicicleta. Motocicleta

| bicicleta (f) | велосипед | velosiped |
| lambreta (f) | мотороллер | motoroller |
| moto (f) | мотоцикл | mototsikl |

| ir de bicicleta | велосипедда юрмоқ | velosipedda yurmoq |
| guidão (m) | рул | rul |
| pedal (m) | педал | pedal |
| freios (m pl) | тормозлар | tormozlar |
| banco, selim (m) | егар | egar |

| bomba (f) | насос | nasos |
| bagageiro (m) de teto | юкхона | yukxona |
| lanterna (f) | фонар | fonar |
| capacete (m) | шлем | shlem |

| roda (f) | ғилдирак | g'ildirak |
| para-choque (m) | қанот | qanot |
| aro (m) | гардиш | gardish |
| raio (m) | кегай | kegay |

# Carros

## 146. Tipos de carros

| | | |
|---|---|---|
| carro, automóvel (m) | автомобил | avtomobil |
| carro (m) esportivo | спорт автомобили | sport avtomobili |
| | | |
| limusine (f) | лимузин | limuzin |
| todo o terreno (m) | внедорожник | vnedorojnik |
| conversível (m) | кабриолет | kabriolet |
| minibus (m) | микроавтобус | mikroavtobus |
| | | |
| ambulância (f) | тез ёрдам | tez yordam |
| limpa-neve (m) | қор куровчи машина | qor kurovchi mashina |
| | | |
| caminhão (m) | юк машинаси | yuk mashinasi |
| caminhão-tanque (m) | бензин ташийдиган машина | benzin tashiydigan mashina |
| | | |
| perua, van (f) | фургон | furgon |
| caminhão-trator (m) | шатакчи машина | shatakchi mashina |
| reboque (m) | тиркама | tirkama |
| | | |
| confortável (adj) | қулай | qulay |
| usado (adj) | тутилган | tutilgan |

## 147. Carros. Carroçaria

| | | |
|---|---|---|
| capô (m) | капот | kapot |
| para-choque (m) | қанот | qanot |
| teto (m) | том | tom |
| | | |
| para-brisa (m) | шамол тўсадиган ойна | shamol to'sadigan oyna |
| retrovisor (m) | орқа кўриниш кўзгуси | orqa ko'rinish ko'zgusi |
| esguicho (m) | ойна ювгич | oyna yuvgich |
| limpadores (m) de para-brisas | ойна тозалагичлар | oyna tozalagichlar |
| | | |
| vidro (m) lateral | ён ойна | yon oyna |
| elevador (m) do vidro | ойна кўтаргич | oyna ko'targich |
| antena (f) | антенна | antenna |
| teto (m) solar | люк | lyuk |
| | | |
| para-choque (m) | бампер | bamper |
| porta-malas (f) | юкхона | yukxona |
| bagageira (f) | багажник | bagajnik |
| porta (f) | эшик | eshik |
| maçaneta (f) | тутқич | tutqich |
| fechadura (f) | қулф | qulf |
| placa (f) | номер | nomer |

| | | |
|---|---|---|
| silenciador (m) | глушител | glushitel |
| tanque (m) de gasolina | бензобак | benzobak |
| tubo (m) de exaustão | ишланган газлар трубаси | ishlangan gazlar trubasi |

| | | |
|---|---|---|
| acelerador (m) | газ | gaz |
| pedal (m) | педал | pedal |
| pedal (m) do acelerador | газ педали | gaz pedali |

| | | |
|---|---|---|
| freio (m) | тормоз | tormoz |
| pedal (m) do freio | тормоз педали | tormoz pedali |
| frear (vt) | тормоз бермоқ | tormoz bermoq |
| freio (m) de mão | тўхтаб туриш тормози | to'xtab turish tormozi |

| | | |
|---|---|---|
| embreagem (f) | сцепление | stseplenie |
| pedal (m) da embreagem | сцепление педали | stseplenie pedali |
| disco (m) de embreagem | сцепление диски | stseplenie diski |
| amortecedor (m) | амортизатор | amortizator |

| | | |
|---|---|---|
| roda (f) | ғилдирак | g'ildirak |
| pneu (m) estepe | заҳира ғилдирак | zahira g'ildirak |
| pneu (m) | покришка | pokrishka |
| calota (f) | қопқоқ | qopqoq |

| | | |
|---|---|---|
| rodas (f pl) motrizes | етакловчи ғилдирак | etaklovchi g'ildirak |
| de tração dianteira | олдинги узатмали | oldingi uzatmali |
| de tração traseira | орқа узатмали | orqa uzatmali |
| de tração às 4 rodas | тўлиқ узатмали | to'liq uzatmali |

| | | |
|---|---|---|
| caixa (f) de mudanças | узатиш қутиси | uzatish qutisi |
| automático (adj) | автоматик | avtomatik |
| mecânico (adj) | механик | mexanik |
| alavanca (f) de câmbio | узатиш қутиси ричаги | uzatish qutisi richagi |

| | | |
|---|---|---|
| farol (m) | фара | fara |
| faróis (m pl) | фаралар | faralar |

| | | |
|---|---|---|
| farol (m) baixo | яқин чироқ | yaqin chiroq |
| farol (m) alto | узоқ чироқ | uzoq chiroq |
| luzes (f pl) de parada | тўхташ сигнали | to'xtash signali |

| | | |
|---|---|---|
| luzes (f pl) de posição | габарит чироқлари | gabarit chiroqlari |
| luzes (f pl) de emergência | авария чироқлари | avariya chiroqlari |
| faróis (m pl) de neblina | туманга қарши фаралар | tumanga qarshi faralar |
| pisca-pisca (m) | бурилиш чироғи | burilish chirog'i |
| luz (f) de marcha ré | орқага юриш чироғи | orqaga yurish chirog'i |

## 148. Carros. Habitáculo

| | | |
|---|---|---|
| interior (do carro) | салон | salon |
| de couro | чарм | charm |
| de veludo | велюр | velyur |
| estofamento (m) | қоплама | qoplama |
| indicador (m) | асбоб | asbob |
| painel (m) | асбоблар шчити | asboblar shchiti |

| velocímetro (m) | спидометр | spidometr |
| ponteiro (m) | стрелка | strelka |

| hodômetro, odômetro (m) | счётчик | schyotchik |
| indicador (m) | датчик | datchik |
| nível (m) | сатх | sath |
| luz (f) de aviso | лампочка | lampochka |

| volante (m) | рул | rul |
| buzina (f) | сигнал | signal |
| botão (m) | тугма | tugma |
| interruptor (m) | переключател | pereklyuchatel |

| assento (m) | ўриндиқ | o'rindiq |
| costas (f pl) do assento | суянчиқ | suyanchiq |
| cabeceira (f) | боштирагич | boshtiragich |
| cinto (m) de segurança | хавфсизлик камари | xavfsizlik kamari |
| apertar o cinto | камарни қадамоқ | kamarni qadamoq |
| ajuste (m) | созлаш | sozlash |

| airbag (m) | ҳаво ёстиқчаси | havo yostiqchasi |
| ar (m) condicionado | кондиционер | konditsioner |

| rádio (m) | радио | radio |
| leitor (m) de CD | СД-проигривател | CD-proigrivatel |
| ligar (vt) | ёқмоқ | yoqmoq |
| antena (f) | антенна | antenna |
| porta-luvas (m) | бардачок | bardachok |
| cinzeiro (m) | кулдон | kuldon |

## 149. Carros. Motor

| motor (m) | двигател | dvigatel |
| motor (m) | мотор | motor |
| a diesel | дизел | dizel |
| a gasolina | бензин | benzin |

| cilindrada (f) | двигател ҳажми | dvigatel hajmi |
| potência (f) | қувват | quvvat |
| cavalo (m) de potência | от кучи | ot kuchi |
| pistão (m) | поршен | porshen |
| cilindro (m) | силиндр | silindr |
| válvula (f) | клапан | klapan |

| injetor (m) | инжектор | injektor |
| gerador (m) | генератор | generator |
| carburador (m) | карбюратор | karbyurator |
| óleo (m) de motor | мотор мойи | motor moyi |

| radiador (m) | радиатор | radiator |
| líquido (m) de arrefecimento | совитувчи суюқлик | sovituvchi suyuqlik |
| ventilador (m) | вентилятор | ventilyator |
| bateria (f) | аккумулятор | akkumulyator |
| dispositivo (m) de arranque | стартер | starter |

| | | |
|---|---|---|
| ignição (f) | ўт олдириш тизими | o't oldirish tizimi |
| vela (f) de ignição | ўт олдириш свечаси | o't oldirish svechasi |
| | | |
| terminal (m) | клемма | klemma |
| terminal (m) positivo | плюс | plyus |
| terminal (m) negativo | минус | minus |
| fusível (m) | сақлагич | saqlagich |
| | | |
| filtro (m) de ar | ҳаво филтри | havo filtri |
| filtro (m) de óleo | мой филтри | moy filtri |
| filtro (m) de combustível | ёқилғи филтри | yoqilg'i filtri |

## 150. Carros. Batidas. Reparação

| | | |
|---|---|---|
| acidente (m) de carro | авария | avariya |
| acidente (m) rodoviário | йўл ходисаси | yo'l xodisasi |
| bater (~ num muro) | урилмоқ | urilmoq |
| sofrer um acidente | чилпарчин бўлмоқ | chilparchin bo'lmoq |
| dano (m) | шикастланиш | shikastlanish |
| intato | бутун | butun |
| | | |
| pane (f) | ҳалокат, ишдан чиқиш | halokat, ishdan chiqish |
| avariar (vi) | бузилмоқ | buzilmoq |
| cabo (m) de reboque | шатак бурама арқони | shatak burama arqoni |
| | | |
| furo (m) | тешилиш | teshilish |
| estar furado | бўшаб қолмоқ | bo'shab qolmoq |
| encher (vt) | дам бермоқ | dam bermoq |
| pressão (f) | босим | bosim |
| verificar (vt) | текширмоқ | tekshirmoq |
| | | |
| reparo (m) | таъмир | ta'mir |
| oficina (f) automotiva | таъмирлаш устахонаси | ta'mirlash ustaxonasi |
| peça (f) de reposição | эҳтиёт қисм | ehtiyot qism |
| peça (f) | қисм | qism |
| | | |
| parafuso (com porca) | болт | bolt |
| parafuso (m) | винт | vint |
| porca (f) | гайка | gayka |
| arruela (f) | шайба | shayba |
| rolamento (m) | подшипник | podshipnik |
| | | |
| tubo (m) | трубка | trubka |
| junta, gaxeta (f) | прокладка | prokladka |
| fio, cabo (m) | сим | sim |
| | | |
| macaco (m) | домкрат | domkrat |
| chave (f) de boca | гайка калити | gayka kaliti |
| martelo (m) | болға | bolg'a |
| bomba (f) | насос | nasos |
| chave (f) de fenda | отвёртка | otvyortka |
| | | |
| extintor (m) | ўтўчиргич | o'to'chirgich |
| triângulo (m) de emergência | авария учбурчаги | avariya uchburchagi |

| morrer (motor) | ўчиб қолмоқ | o'chib qolmoq |
| paragem, "morte" (f) | тўхтаб қолиш | to'xtab qolish |
| estar quebrado | бузилган бўлмоқ | buzilgan bo'lmoq |

| superaquecer-se (vr) | қизиб кетмоқ | qizib ketmoq |
| entupir-se (vr) | ифлосланмоқ | ifloslanmoq |
| congelar-se (vr) | музламоқ | muzlamoq |
| rebentar (vi) | ёрилмоқ | yorilmoq |

| pressão (f) | босим | bosim |
| nível (m) | сатҳ | sath |
| frouxo (adj) | бўш | bo'sh |

| batida (f) | езилган жой | ezilgan joy |
| ruído (m) | тақиллаш | taqillash |
| fissura (f) | дарз | darz |
| arranhão (m) | тирналган жой | tirnalgan joy |

## 151. Carros. Estrada

| estrada (f) | йўл | yo'l |
| autoestrada (f) | автомагистрал | avtomagistral |
| rodovia (f) | шоссе | shosse |
| direção (f) | йўналиш | yo'nalish |
| distância (f) | масофа | masofa |

| ponte (f) | кўприк | ko'prik |
| parque (m) de estacionamento | паркинг | parking |
| praça (f) | майдон | maydon |
| nó (m) rodoviário | остин-устун чорраҳа | ostin-ustun chorraha |
| túnel (m) | тоннел | tonnel |

| posto (m) de gasolina | ёқилғи қуйиш шохобчаси | yoqilg'i quyish shoxobchasi |
| parque (m) de estacionamento | тўхташ жойи | to'xtash joyi |
| bomba (f) de gasolina | бензоколонка | benzokolonka |
| oficina (f) automotiva | гараж | garaj |
| abastecer (vt) | ёқилғи қуймоқ | yoqilg'i quymoq |
| combustível (m) | ёқилғи | yoqilg'i |
| galão (m) de gasolina | канистра | kanistra |

| asfalto (m) | асфалт | asfalt |
| marcação (f) de estradas | белги | belgi |
| meio-fio (m) | бордюр | bordyur |
| guard-rail (m) | тўсиқ | to'siq |
| valeta (f) | йўл четидаги ариқ | yo'l chetidagi ariq |
| acostamento (m) | йўл чети | yo'l cheti |
| poste (m) de luz | устун | ustun |

| dirigir (vt) | бошқармоқ | boshqarmoq |
| virar (~ para a direita) | бурмоқ | burmoq |
| dar retorno | орқага айланмоқ | orqaga aylanmoq |
| ré (f) | орқага юриш | orqaga yurish |
| buzinar (vi) | сигнал бермоқ | signal bermoq |
| buzina (f) | товуш сигнали | tovush signali |

| | | |
|---|---|---|
| atolar-se (vr) | тиқилиб қолмоқ | tiqilib qolmoq |
| patinar (na lama) | шатаксирамоқ | shataksiramoq |
| desligar (vt) | ўчирмоқ | o'chirmoq |
| | | |
| velocidade (f) | тезлик | tezlik |
| exceder a velocidade | тезликни оширмоқ | tezlikni oshirmoq |
| multar (vt) | жарима солмоқ | jarima solmoq |
| semáforo (m) | светофор | svetofor |
| carteira (f) de motorista | ҳайдовчилик | haydovchilik |
| | гувоҳномаси | guvohnomasi |
| | | |
| passagem (f) de nível | йўлни кесиб ўтиш жойи | yo'lni kesib o'tish joyi |
| cruzamento (m) | чорраҳа | chorraha |
| faixa (f) | йўловчилар ўтиш жойи | yo'lovchilar o'tish joyi |
| curva (f) | бурилиш | burilish |
| zona (f) de pedestres | йўловчилар зонаси | yo'lovchilar zonasi |

# PESSOAS. EVENTOS

## Eventos

### 152. Férias. Evento

| | | |
|---|---|---|
| festa (f) | байрам | bayram |
| feriado (m) nacional | миллий байрам | milliy bayram |
| feriado (m) | байрам куни | bayram kuni |
| festejar (vt) | байрам қилмоқ | bayram qilmoq |
| | | |
| evento (festa, etc.) | воқеа | voqea |
| evento (banquete, etc.) | тадбир | tadbir |
| banquete (m) | банкет | banket |
| recepção (f) | қабул | qabul |
| festim (m) | базм | bazm |
| | | |
| aniversário (m) | йиллик | yillik |
| jubileu (m) | юбилей | yubiley |
| celebrar (vt) | нишонламоқ | nishonlamoq |
| | | |
| Ano (m) Novo | Янги Йил | Yangi Yil |
| Feliz Ano Novo! | Янги Йил билан! | Yangi Yil bilan! |
| Papai Noel (m) | Қор Бобо, Санта Клаус | Qor Bobo, Santa Klaus |
| | | |
| Natal (m) | Рождество | Rojdestvo |
| Feliz Natal! | Қувноқ Рождество тилайман! | Quvnoq Rojdestvo tilayman! |
| | | |
| árvore (f) de Natal | Рождество арчаси | Rojdestvo archasi |
| fogos (m pl) de artifício | мушак | mushak |
| | | |
| casamento (m) | никоҳ тўйи | nikoh to'yi |
| noivo (m) | куёв | kuyov |
| noiva (f) | келин | kelin |
| | | |
| convidar (vt) | таклиф қилмоқ | taklif qilmoq |
| convite (m) | таклифнома | taklifnoma |
| | | |
| convidado (m) | меҳмон | mehmon |
| visitar (vt) | меҳмонга бормоқ | mehmonga bormoq |
| receber os convidados | меҳмонларни кутмоқ | mehmonlarni kutmoq |
| | | |
| presente (m) | совға | sovg'a |
| oferecer, dar (vt) | совға қилмоқ | sovg'a qilmoq |
| receber presentes | совға олмоқ | sovg'a olmoq |
| buquê (m) de flores | даста | dasta |
| | | |
| felicitações (f pl) | табрик | tabrik |
| felicitar (vt) | табрикламоқ | tabriklamoq |

| | | |
|---|---|---|
| cartão (m) de parabéns | табрик откриткаси | tabrik otkritkasi |
| enviar um cartão postal | открытка жўнатмоқ | otkritka jo'natmoq |
| receber um cartão postal | открытка олмоқ | otkritka olmoq |
| | | |
| brinde (m) | қадаҳ сўзи | qadah so'zi |
| oferecer (vt) | меҳмон қилмоқ | mehmon qilmoq |
| champanhe (m) | шампан виноси | shampan vinosi |
| | | |
| divertir-se (vr) | қувнамоқ | quvnamoq |
| diversão (f) | қувноқлик | quvnoqlik |
| alegria (f) | қувонч | quvonch |
| | | |
| dança (f) | рақс | raqs |
| dançar (vi) | рақсга тушмоқ | raqsga tushmoq |
| | | |
| valsa (f) | валс | vals |
| tango (m) | танго | tango |

## 153. Funerais. Enterro

| | | |
|---|---|---|
| cemitério (m) | мозор | mozor |
| sepultura (f), túmulo (m) | гўр | go'r |
| cruz (f) | хоч | xoch |
| lápide (f) | қабр тоши | qabr toshi |
| cerca (f) | панжара | panjara |
| capela (f) | бутхона | butxona |
| | | |
| morte (f) | ўлим | o'lim |
| morrer (vi) | ўлмоқ | o'lmoq |
| defunto (m) | майит | mayit |
| luto (m) | мотам | motam |
| | | |
| enterrar, sepultar (vt) | дафн қилмоқ | dafn qilmoq |
| funerária (f) | дафн бюроси | dafn byurosi |
| funeral (m) | дафн қилиш маросими | dafn qilish marosimi |
| coroa (f) de flores | гулчамбар | gulchambar |
| caixão (m) | тобут | tobut |
| carro (m) funerário | тобут қўйиладиган арава | tobut qo'yiladigan arava |
| mortalha (f) | кафан | kafan |
| | | |
| procissão (f) funerária | кўмиш маросими | ko'mish marosimi |
| urna (f) funerária | урна | urna |
| crematório (m) | крематорий | krematoriy |
| | | |
| obituário (m), necrologia (f) | таъзиянома | ta'ziyanoma |
| chorar (vi) | йиғламоқ | yig'lamoq |
| soluçar (vi) | хўнграб йиғламоқ | xo'ngrab yig'lamoq |

## 154. Guerra. Soldados

| | | |
|---|---|---|
| pelotão (m) | взвод | vzvod |
| companhia (f) | рота | rota |

| | | |
|---|---|---|
| regimento (m) | полк | polk |
| exército (m) | армия | armiya |
| divisão (f) | дивизия | diviziya |
| | | |
| esquadrão (m) | отряд | otryad |
| hoste (f) | қўшин | qo'shin |
| | | |
| soldado (m) | аскар | askar |
| oficial (m) | зобит | zobit |
| | | |
| soldado (m) raso | оддий аскар | oddiy askar |
| sargento (m) | сержант | serjant |
| tenente (m) | лейтенант | leytenant |
| capitão (m) | капитан | kapitan |
| major (m) | маёр | mayor |
| coronel (m) | полковник | polkovnik |
| general (m) | генерал | general |
| | | |
| marujo (m) | денгизчи | dengizchi |
| capitão (m) | капитан | kapitan |
| contramestre (m) | боцман | botsman |
| | | |
| artilheiro (m) | артиллериячи | artilleriyachi |
| soldado (m) paraquedista | десантчи | desantchi |
| piloto (m) | учувчи | uchuvchi |
| navegador (m) | штурман | shturman |
| mecânico (m) | механик | mexanik |
| | | |
| sapador-mineiro (m) | сапёр | sapyor |
| paraquedista (m) | парашютчи | parashyutchi |
| explorador (m) | разведкачи | razvedkachi |
| atirador (m) de tocaia | снайпер | snayper |
| | | |
| patrulha (f) | патрул | patrul |
| patrulhar (vt) | патруллик қилмоқ | patrullik qilmoq |
| sentinela (f) | соқчи | soqchi |
| | | |
| guerreiro (m) | жангчи | jangchi |
| patriota (m) | ватанпарвар | vatanparvar |
| | | |
| herói (m) | қаҳрамон | qahramon |
| heroína (f) | қаҳрамон | qahramon |
| | | |
| traidor (m) | хоин | xoin |
| trair (vt) | хиёнат қилмоқ | xiyonat qilmoq |
| | | |
| desertor (m) | дезертир | dezertir |
| desertar (vt) | дезертирлик қилмоқ | dezertirlik qilmoq |
| | | |
| mercenário (m) | ёлланган | yollangan |
| recruta (m) | янги олинган аскар | yangi olingan askar |
| voluntário (m) | кўнгилли аскар | ko'ngilli askar |
| | | |
| morto (m) | ўлдирилган | o'ldirilgan |
| ferido (m) | ярадор | yarador |
| prisioneiro (m) de guerra | асир | asir |

## 155. Guerra. Ações militares. Parte 1

| | | |
|---|---|---|
| guerra (f) | уруш | urush |
| guerrear (vt) | урушмоқ | urushmoq |
| guerra (f) civil | фуқаролар уруши | fuqarolar urushi |
| perfidamente | маккорона | makkorona |
| declaração (f) de guerra | эълон қилиш | e'lon qilish |
| declarar guerra | эълон қилмоқ | e'lon qilmoq |
| agressão (f) | агрессия | agressiya |
| atacar (vt) | ҳужум қилмоқ | hujum qilmoq |
| invadir (vt) | босиб олмоқ | bosib olmoq |
| invasor (m) | босқинчи | bosqinchi |
| conquistador (m) | истилочи | istilochi |
| defesa (f) | мудофаа | mudofaa |
| defender (vt) | мудофааламоқ | mudofaalamoq |
| defender-se (vr) | мудофааланмоқ | mudofaalanmoq |
| inimigo, adversário (m) | душман | dushman |
| inimigo (adj) | душман | dushman |
| estratégia (f) | стратегия | strategiya |
| tática (f) | тактика | taktika |
| ordem (f) | буйруқ | buyruq |
| comando (m) | команда | komanda |
| ordenar (vt) | буюрмоқ | buyurmoq |
| missão (f) | топшириқ | topshiriq |
| secreto (adj) | махфий | mahfiy |
| batalha (f), combate (m) | жанг | jang |
| ataque (m) | ҳужум | hujum |
| assalto (m) | қаттиқ ҳужум | qattiq hujum |
| assaltar (vt) | қаттиқ ҳужум қилмоқ | qattiq hujum qilmoq |
| assédio, sítio (m) | қамал | qamal |
| ofensiva (f) | ҳужум | hujum |
| tomar à ofensiva | ҳужум қилмоқ | hujum qilmoq |
| retirada (f) | чекиниш | chekinish |
| retirar-se (vr) | чекинмоқ | chekinmoq |
| cerco (m) | қуршов | qurshov |
| cercar (vt) | қуршовга олмоқ | qurshovga olmoq |
| bombardeio (m) | бомба ёғдирмоқ | bomba yog'dirmoq |
| lançar uma bomba | бомба ташламоқ | bomba tashlamoq |
| bombardear (vt) | бомба ташламоқ | bomba tashlamoq |
| explosão (f) | портлаш | portlash |
| tiro (m) | ўқ узиш | o'q uzish |
| dar um tiro | ўқ узмоқ | o'q uzmoq |
| tiroteio (m) | ўқ отиш | o'q otish |

| apontar para ... | нишонга олмоқ | nishonga olmoq |
| apontar (vt) | мўлжалга тўғриламоқ | mo'ljalga to'g'rilamoq |
| acertar (vt) | тегмоқ | tegmoq |

| afundar (~ um navio, etc.) | чўктирмоқ | cho'ktirmoq |
| brecha (f) | тешик | teshik |
| afundar-se (vr) | сув остига кетиш | suv ostiga ketish |

| frente (m) | фронт | front |
| evacuação (f) | эвакуация | evakuatsiya |
| evacuar (vt) | эвакуация қилмоқ | evakuatsiya qilmoq |

| trincheira (f) | окоп, хандак | okop, xandak |
| arame (m) enfarpado | тиканли сим | tikanli sim |
| barreira (f) anti-tanque | тўсиқ | to'siq |
| torre (f) de vigia | минора | minora |

| hospital (m) militar | госпитал | gospital |
| ferir (vt) | яраламоқ | yaralamoq |
| ferida (f) | яра | yara |
| ferido (m) | ярадор | yarador |
| ficar ferido | яраланмоқ | yaralanmoq |
| grave (ferida ~) | оғир | og'ir |

## 156. Armas

| arma (f) | қурол | qurol |
| arma (f) de fogo | ўқ отадиган қурол | o'q otadigan qurol |
| arma (f) branca | совуқ қурол | sovuq qurol |

| arma (f) química | кимёвий қурол | kimyoviy qurol |
| nuclear (adj) | ядро | yadro |
| arma (f) nuclear | ядро қуроли | yadro quroli |

| bomba (f) | бомба | bomba |
| bomba (f) atômica | атом бомбаси | atom bombasi |

| pistola (f) | тўппонча | to'pponcha |
| rifle (m) | милтиқ | miltiq |
| semi-automática (f) | автомат | avtomat |
| metralhadora (f) | пулемёт | pulemyot |

| boca (f) | ствол оғзи | stvol og'zi |
| cano (m) | ствол | stvol |
| calibre (m) | калибр | kalibr |

| gatilho (m) | тепки | tepki |
| mira (f) | нишонга олгич | nishonga olgich |
| carregador (m) | магазин | magazin |
| coronha (f) | қўндоқ | qo'ndoq |

| granada (f) de mão | граната | granata |
| explosivo (m) | портловчи модда | portlovchi modda |
| bala (f) | ўқ | o'q |

| | | |
|---|---|---|
| cartucho (m) | патрон | patron |
| carga (f) | заряд | zaryad |
| munições (f pl) | ўқ-дори | o'q-dori |
| bombardeiro (m) | бомбардимончи | bombardimonchi |
| avião (m) de caça | қирувчи | qiruvchi |
| helicóptero (m) | вертолёт | vertolyot |
| canhão (m) antiaéreo | зенит тўпи | zenit to'pi |
| tanque (m) | танк | tank |
| canhão (de um tanque) | замбарак | zambarak |
| artilharia (f) | артиллерия | artilleriya |
| canhão (m) | замбарак, қурол | zambarak, qurol |
| fazer a pontaria | мўлжалга тўғриламоқ | mo'ljalga to'g'rilamoq |
| projétil (m) | снаряд | snaryad |
| granada (f) de morteiro | мина | mina |
| morteiro (m) | миномёт | minomyot |
| estilhaço (m) | парча | parcha |
| submarino (m) | сув ости кемаси | suv osti kemasi |
| torpedo (m) | торпеда | torpeda |
| míssil (m) | ракета | raketa |
| carregar (uma arma) | ўқламоқ | o'qlamoq |
| disparar, atirar (vi) | отмоқ | otmoq |
| apontar para ... | нишонга олмоқ | nishonga olmoq |
| baioneta (f) | найза | nayza |
| espada (f) | шпага | shpaga |
| sabre (m) | қилич | qilich |
| lança (f) | найза | nayza |
| arco (m) | камон | kamon |
| flecha (f) | камон ўқи | kamon o'qi |
| mosquete (m) | мушкет | mushket |
| besta (f) | арбалет | arbalet |

## 157. Povos da antiguidade

| | | |
|---|---|---|
| primitivo (adj) | ибтидоий | ibtidoiy |
| pré-histórico (adj) | тарихдан илгариги | tarixdan ilgarigi |
| antigo (adj) | қадимги | qadimgi |
| Idade (f) da Pedra | Тош даври | Tosh davri |
| Idade (f) do Bronze | Бронза даври | Bronza davri |
| Era (f) do Gelo | Музлик даври | Muzlik davri |
| tribo (f) | қабила | qabila |
| canibal (m) | одамхўр | odamxo'r |
| caçador (m) | овчи | ovchi |
| caçar (vi) | ов қилмоқ | ov qilmoq |
| mamute (m) | мамонт | mamont |
| caverna (f) | ғор | g'or |

| fogo (m) | олов | olov |
| fogueira (f) | гулхан | gulxan |
| pintura (f) rupestre | қояга чизилган расм | qoyaga chizilgan rasm |

| ferramenta (f) | меҳнат қуроли | mehnat quroli |
| lança (f) | найза | nayza |
| machado (m) de pedra | тош болта | tosh bolta |
| guerrear (vt) | урушмоқ | urushmoq |
| domesticar (vt) | қўлга ўргатмоқ | qo'lga o'rgatmoq |

| ídolo (m) | бут | but |
| adorar, venerar (vt) | сажда қилмоқ | sajda qilmoq |
| superstição (f) | хурофот | xurofot |
| ritual (m) | маросим | marosim |

| evolução (f) | еволюция | evolyutsiya |
| desenvolvimento (m) | ривожланиш | rivojlanish |
| extinção (f) | йўқ бўлиб кетмоқ | yo'q bo'lib ketmoq |
| adaptar-se (vr) | мослашмоқ | moslashmoq |

| arqueologia (f) | археология | arxeologiya |
| arqueólogo (m) | археолог | arxeolog |
| arqueológico (adj) | археологик | arxeologik |

| escavação (sítio) | қазишлар жойи | qazishlar joyi |
| escavações (f pl) | қазиш ишлари | qazish ishlari |
| achado (m) | топилма | topilma |
| fragmento (m) | парча | parcha |

## 158. Idade média

| povo (m) | халқ | xalq |
| povos (m pl) | халқлар | xalqlar |
| tribo (f) | қабила | qabila |
| tribos (f pl) | қабилалар | qabilalar |

| bárbaros (pl) | варварлар | varvarlar |
| galeses (pl) | галлар | gallar |
| godos (pl) | готлар | gotlar |
| eslavos (pl) | славянлар | slavyanlar |
| viquingues (pl) | викинглар | vikinglar |

| romanos (pl) | римликлар | rimliklar |
| romano (adj) | Римга оид | Rimga oid |

| bizantinos (pl) | византияликлар | vizantiyaliklar |
| Bizâncio | Византия | Vizantiya |
| bizantino (adj) | Византияга оид | Vizantiyaga oid |

| imperador (m) | император | imperator |
| líder (m) | сардор | sardor |
| poderoso (adj) | қудратли | qudratli |
| rei (m) | қирол | qirol |
| governante (m) | ҳукмдор | hukmdor |

| | | |
|---|---|---|
| cavaleiro (m) | рицар | ritsar |
| senhor feudal (m) | феодал | feodal |
| feudal (adj) | феодалларга оид | feodallarga oid |
| vassalo (m) | вассал | vassal |
| | | |
| duque (m) | герцог | gertsog |
| conde (m) | граф | graf |
| barão (m) | барон | baron |
| bispo (m) | епископ | episkop |
| | | |
| armadura (f) | яроғ-аслаха | yarog'-aslaxa |
| escudo (m) | қалқон | qalqon |
| espada (f) | қилич | qilich |
| viseira (f) | дубулға пардаси | dubulg'a pardasi |
| cota (f) de malha | совут | sovut |
| cruzada (f) | салб юриши | salb yurishi |
| cruzado (m) | салб юриши қатнашчиси | salb yurishi qatnashchisi |
| | | |
| território (m) | худуд | hudud |
| atacar (vt) | ҳужум қилмоқ | hujum qilmoq |
| conquistar (vt) | забт етмоқ | zabt etmoq |
| ocupar, invadir (vt) | босиб олмоқ | bosib olmoq |
| | | |
| assédio, sítio (m) | қамал | qamal |
| sitiado (adj) | қамал қилинган | qamal qilingan |
| assediar, sitiar (vt) | қамал қилмоқ | qamal qilmoq |
| | | |
| inquisição (f) | инквизиция | inkvizitsiya |
| inquisidor (m) | инквизитор | inkvizitor |
| tortura (f) | қийноқ | qiynoq |
| cruel (adj) | бераҳм | berahm |
| herege (m) | бидъатчи | bid'atchi |
| heresia (f) | бидъат | bid'at |
| | | |
| navegação (f) marítima | денгизда кема юриши | dengizda kema yurishi |
| pirata (m) | денгиз қароқчиси | dengiz qaroqchisi |
| pirataria (f) | денгиз қароқчилиги | dengiz qaroqchiligi |
| abordagem (f) | абордаж | abordaj |
| presa (f), butim (m) | ўлжа | o'lja |
| tesouros (m pl) | хазина | xazina |
| | | |
| descobrimento (m) | кашфиёт | kashfiyot |
| descobrir (novas terras) | кашф қилмоқ | kashf qilmoq |
| expedição (f) | експедиция | ekspeditsiya |
| | | |
| mosqueteiro (m) | мушкетёр | mushketyor |
| cardeal (m) | кардинал | kardinal |
| heráldica (f) | гералдика | geraldika |
| heráldico (adj) | гералдик | geraldik |

## 159. Líder. Chefe. Autoridades

| | | |
|---|---|---|
| rei (m) | қирол | qirol |
| rainha (f) | қироличa | qirolicha |

| real (adj) | қиролга оид | qirolga oid |
| reino (m) | қироллик | qirollik |

| príncipe (m) | шаҳзода | shahzoda |
| princesa (f) | малика | malika |

| presidente (m) | президент | prezident |
| vice-presidente (m) | вице-президент | vitse-prezident |
| senador (m) | сенатор | senator |

| monarca (m) | монарх | monarx |
| governante (m) | ҳукмдор | hukmdor |
| ditador (m) | диктатор | diktator |
| tirano (m) | золим ҳукмдор | zolim hukmdor |
| magnata (m) | магнат | magnat |

| diretor (m) | директор | direktor |
| chefe (m) | бошлиқ | boshliq |
| gerente (m) | бошқарувчи | boshqaruvchi |
| patrão (m) | босс | boss |
| dono (m) | хўжайин | xo'jayin |

| líder (m) | доҳий, етакчи | dohiy, etakchi |
| chefe (m) | раҳбар | rahbar |
| autoridades (f pl) | ҳокимият | hokimiyat |
| superiores (m pl) | бошлиқлар | boshliqlar |

| governador (m) | губернатор | gubernator |
| cônsul (m) | консул | konsul |
| diplomata (m) | дипломат | diplomat |
| Presidente (m) da Câmara | мер | mer |
| xerife (m) | шериф | sherif |

| imperador (m) | император | imperator |
| czar (m) | подшо | podsho |
| faraó (m) | фиръавн | fir'avn |
| cã, khan (m) | хон | xon |

## 160. Violação da lei. Criminosos. Parte 1

| bandido (m) | босқинчи | bosqinchi |
| crime (m) | жиноят | jinoyat |
| criminoso (m) | жиноятчи | jinoyatchi |

| ladrão (m) | ўғри | o'g'ri |
| roubar (vt) | ўғирламоқ | o'g'irlamoq |
| roubo (atividade) | ўғрилик | o'g'rilik |
| furto (m) | ўғирлаш | o'g'irlash |

| raptar, sequestrar (vt) | ўғирлаб кетмоқ | o'g'irlab ketmoq |
| sequestro (m) | одам ўғирлаш | odam o'g'irlash |
| sequestrador (m) | ўғри | o'g'ri |
| resgate (m) | еваз | evaz |
| pedir resgate | пул талаб қилмоқ | pul talab qilmoq |

| | | |
|---|---|---|
| roubar (vt) | таламоқ | talamoq |
| assalto, roubo (m) | талон-тарож | talon-taroj |
| assaltante (m) | талончи | talonchi |
| | | |
| extorquir (vt) | товламоқ | tovlamoq |
| extorsionário (m) | товламачи | tovlamachi |
| extorsão (f) | товламачилик | tovlamachilik |
| | | |
| matar, assassinar (vt) | ўлдирмоқ | o'ldirmoq |
| homicídio (m) | қотиллик | qotillik |
| homicida, assassino (m) | қотил | qotil |
| | | |
| tiro (m) | ўқ узиш | o'q uzish |
| dar um tiro | ўқ узмоқ | o'q uzmoq |
| matar a tiro | отиб ўлдирмоқ | otib o'ldirmoq |
| disparar, atirar (vi) | отмоқ | otmoq |
| tiroteio (m) | ўқ отиш | o'q otish |
| | | |
| incidente (m) | ходиса | xodisa |
| briga (~ de rua) | муштлашиш | mushtlashish |
| Socorro! | Ёрдам беринг! Қутқаринг! | Yordam bering! Qutqaring! |
| vítima (f) | қурбон | qurbon |
| | | |
| danificar (vt) | шикастламоқ | shikastlamoq |
| dano (m) | зарар | zarar |
| cadáver (m) | мурда | murda |
| grave (adj) | оғир | og'ir |
| | | |
| atacar (vt) | ҳужум қилмоқ | hujum qilmoq |
| bater (espancar) | урмоқ | urmoq |
| espancar (vt) | калтакламоқ | kaltaklamoq |
| tirar, roubar (dinheiro) | олиб қўймоқ | olib qo'ymoq |
| esfaquear (vt) | сўймоқ | so'ymoq |
| mutilar (vt) | майиб қилмоқ | mayib qilmoq |
| ferir (vt) | яраламоқ | yaralamoq |
| | | |
| chantagem (f) | қўрқитиб товлаш | qo'rqitib tovlash |
| chantagear (vt) | қўрқитиб товламоқ | qo'rqitib tovlamoq |
| chantagista (m) | қўрқитиб товловчи | qo'rqitib tovlovchi |
| | | |
| extorsão (f) | рекет | reket |
| extorsionário (m) | рекетчи | reketchi |
| | | |
| gângster (m) | гангстер | gangster |
| máfia (f) | мафия | mafiya |
| | | |
| punguista (m) | чўнтак ўғриси | cho'ntak o'g'risi |
| assaltante, ladrão (m) | қулфбузар | qulfbuzar |
| | | |
| contrabando (m) | контрабанда | kontrabanda |
| contrabandista (m) | контрабанда билан шуғулланувчи | kontrabanda bilan shug'ullanuvchi |
| | | |
| falsificação (f) | қалбаки нарса | qalbaki narsa |
| falsificar (vt) | қалбакилаштирмоқ | qalbakilashtirmoq |
| falsificado (adj) | сохта | soxta |

## 161. Violação da lei. Criminosos. Parte 2

| | | |
|---|---|---|
| estupro (m) | зўрлаш | zo'rlash |
| estuprar (vt) | зўрламоқ | zo'rlamoq |
| estuprador (m) | зўравон | zo'ravon |
| maníaco (m) | савдойи | savdoyi |
| | | |
| prostituta (f) | фоҳиша | fohisha |
| prostituição (f) | фоҳишабозлик | fohishabozlik |
| cafetão (m) | даюс | dayus |
| | | |
| drogado (m) | гиёҳванд | giyohvand |
| traficante (m) | наркотик моддаларни сотувчи | narkotik moddalarni sotuvchi |
| | | |
| explodir (vt) | портлатмоқ | portlatmoq |
| explosão (f) | портлаш | portlash |
| incendiar (vt) | ёндирмоқ | yondirmoq |
| incendiário (m) | қасддан ўт қўйган одам | qasddan o't qo'ygan odam |
| | | |
| terrorismo (m) | терроризм | terrorizm |
| terrorista (m) | террорчи | terrorchi |
| refém (m) | гаровга олинган | garovga olingan |
| | | |
| enganar (vt) | алдамоқ | aldamoq |
| engano (m) | алдаш | aldash |
| vigarista (m) | муттаҳам | muttaham |
| | | |
| subornar (vt) | пора бериб сотиб олмоқ | pora berib sotib olmoq |
| suborno (atividade) | пора бериб сотиб олиш | pora berib sotib olish |
| suborno (dinheiro) | пора | pora |
| | | |
| veneno (m) | заҳар | zahar |
| envenenar (vt) | заҳарламоқ | zaharlamoq |
| envenenar-se (vr) | заҳарланмоқ | zaharlanmoq |
| | | |
| suicídio (m) | ўзини ўзи ўлдириш | o'zini o'zi o'ldirish |
| suicida (m) | ўз жонига қасд қилган | o'z joniga qasd qilgan |
| | | |
| ameaçar (vt) | пўписа қилмоқ | po'pisa qilmoq |
| ameaça (f) | пўписа | po'pisa |
| atentar contra a vida de ... | суиқасд қилмоқ | suiqasd qilmoq |
| atentado (m) | суиқасд | suiqasd |
| | | |
| roubar (um carro) | ўғирлаб кетмоқ | o'g'irlab ketmoq |
| sequestrar (um avião) | олиб қочмоқ | olib qochmoq |
| | | |
| vingança (f) | қасос | qasos |
| vingar (vt) | қасос олмоқ | qasos olmoq |
| | | |
| torturar (vt) | қийнамоқ | qiynamoq |
| tortura (f) | қийноқ | qiynoq |
| atormentar (vt) | азобламоқ | azoblamoq |
| pirata (m) | денгиз қароқчиси | dengiz qaroqchisi |
| desordeiro (m) | безори | bezori |

| armado (adj) | қуролланган | qurollangan |
| violência (f) | зўрлаш | zo'rlash |
| ilegal (adj) | нолегал | nolegal |

| espionagem (f) | жосуслик | josuslik |
| espionar (vi) | жосуслик қилмоқ | josuslik qilmoq |

## 162. Polícia. Lei. Parte 1

| justiça (sistema de ~) | адлия | adliya |
| tribunal (m) | суд | sud |

| juiz (m) | судя | sudya |
| jurados (m pl) | суд маслаҳатчиси | sud maslahatchisi |
| tribunal (m) do júri | маслаҳатчилар суди | maslahatchilar sudi |
| julgar (vt) | судламоқ | sudlamoq |

| advogado (m) | адвокат | advokat |
| réu (m) | судланувчи | sudlanuvchi |
| banco (m) dos réus | судланувчилар курсиси | sudlanuvchilar kursisi |

| acusação (f) | айблов | ayblov |
| acusado (m) | айбланувчи | ayblanuvchi |

| sentença (f) | ҳукм | hukm |
| sentenciar (vt) | ҳукм чиқармоқ | hukm chiqarmoq |

| culpado (m) | айбдор | aybdor |
| punir (vt) | жазоламоқ | jazolamoq |
| punição (f) | жазо | jazo |

| multa (f) | жарима | jarima |
| prisão (f) perpétua | умрбод қамоқ | umrbod qamoq |
| pena (f) de morte | ўлим жазоси | o'lim jazosi |
| cadeira (f) elétrica | електр стул | elektr stul |
| forca (f) | дор | dor |

| executar (vt) | қатл қилмоқ | qatl qilmoq |
| execução (f) | қатл | qatl |

| prisão (f) | қамоқ | qamoq |
| cela (f) de prisão | камера | kamera |

| escolta (f) | конвой | konvoy |
| guarda (m) prisional | назоратчи | nazoratchi |
| preso, prisioneiro (m) | маҳбус | mahbus |

| algemas (f pl) | кишан | kishan |
| algemar (vt) | кишан кийгизмоқ | kishan kiygizmoq |

| fuga, evasão (f) | қочиш | qochish |
| fugir (vi) | қочиб кетмоқ | qochib ketmoq |
| desaparecer (vi) | ғойиб бўлмоқ | g'oyib bo'lmoq |
| soltar, libertar (vt) | озод қилмоқ | ozod qilmoq |

| anistia (f) | амнистия | amnistiya |
| polícia (instituição) | полиция | politsiya |
| polícia (m) | полициячи | politsiyachi |
| delegacia (f) de polícia | полиция маҳкамаси | politsiya mahkamasi |
| cassetete (m) | резина тўқмоқ | rezina to'qmoq |
| megafone (m) | карнай | karnay |

| carro (m) de patrulha | патрул машинаси | patrul mashinasi |
| sirene (f) | сирена | sirena |
| ligar a sirene | сиренани ёқмоқ | sirenani yoqmoq |
| toque (m) da sirene | сирена увиллаши | sirena uvillashi |

| cena (f) do crime | ходиса рўй берган жой | xodisa ro'y bergan joy |
| testemunha (f) | гувоҳ | guvoh |
| liberdade (f) | еркинлик | erkinlik |
| cúmplice (m) | жиноятчининг шериги | jinoyatchining sherigi |
| escapar (vi) | ғойиб бўлмоқ | g'oyib bo'lmoq |
| traço (não deixar ~s) | из | iz |

## 163. Polícia. Lei. Parte 2

| procura (f) | қидирув | qidiruv |
| procurar (vt) | қидирмоқ | qidirmoq |
| suspeita (f) | шубҳа | shubha |
| suspeito (adj) | шубҳали | shubhali |
| parar (veículo, etc.) | тўхтатмоқ | to'xtatmoq |
| deter (fazer parar) | тутмоқ | tutmoq |

| caso (~ criminal) | иш | ish |
| investigação (f) | тергов | tergov |
| detetive (m) | детектив | detektiv |
| investigador (m) | терговчи | tergovchi |
| versão (f) | тахминий фикр | taxminiy fikr |

| motivo (m) | сабаб | sabab |
| interrogatório (m) | сўроқ | so'roq |
| interrogar (vt) | сўроқ қилмоқ | so'roq qilmoq |
| questionar (vt) | сўроқламоқ | so'roqlamoq |
| verificação (f) | текширув | tekshiruv |

| batida (f) policial | қуршаб олиб тутиш | qurshab olib tutish |
| busca (f) | тинтув | tintuv |
| perseguição (f) | қувиш | quvish |
| perseguir (vt) | таъқиб қилмоқ | ta'qib qilmoq |
| seguir, rastrear (vt) | изига тушмоқ | iziga tushmoq |

| prisão (f) | қамоққа олиш | qamoqqa olish |
| prender (vt) | қамоққа олмоқ | qamoqqa olmoq |
| pegar, capturar (vt) | тутмоқ | tutmoq |
| captura (f) | қўлга тушириш | qo'lga tushirish |

| documento (m) | ҳужжат | hujjat |
| prova (f) | исбот | isbot |
| provar (vt) | исботламоқ | isbotlamoq |

| | | |
|---|---|---|
| pegada (f) | из | iz |
| impressões (f pl) digitais | бармоқ излари | barmoq izlari |
| prova (f) | далил | dalil |
| | | |
| álibi (m) | алиби | alibi |
| inocente (adj) | бегуноҳ | begunoh |
| injustiça (f) | адолацизлик | adolatsizlik |
| injusto (adj) | адолациз | adolatsiz |
| | | |
| criminal (adj) | жиноий | jinoiy |
| confiscar (vt) | мусодара қилмоқ | musodara qilmoq |
| droga (f) | наркотик | narkotik |
| arma (f) | қурол | qurol |
| desarmar (vt) | қуролсизлантирмоқ | qurolsizlantirmoq |
| ordenar (vt) | буюрмоқ | buyurmoq |
| desaparecer (vi) | ғойиб бўлмоқ | g'oyib bo'lmoq |
| | | |
| lei (f) | қонун | qonun |
| legal (adj) | қонуний | qonuniy |
| ilegal (adj) | ноқонуний | noqonuniy |
| | | |
| responsabilidade (f) | масъулият | mas'uliyat |
| responsável (adj) | маъсулиятли | ma'suliyatli |

# NATUREZA

## A Terra. Parte 1

### 164. Espaço sideral

| | | |
|---|---|---|
| espaço, cosmo (m) | космос | kosmos |
| espacial, cósmico (adj) | космик | kosmik |
| espaço (m) cósmico | космик фазо | kosmik fazo |
| | | |
| mundo (m) | олам | olam |
| universo (m) | коинот | koinot |
| galáxia (f) | галактика | galaktika |
| | | |
| estrela (f) | юлдуз | yulduz |
| constelação (f) | юлдузлар туркуми | yulduzlar turkumi |
| planeta (m) | планета | planeta |
| satélite (m) | йўлдош | yo'ldosh |
| | | |
| meteorito (m) | метеорит | meteorit |
| cometa (m) | комета | kometa |
| asteroide (m) | астероид | asteroid |
| | | |
| órbita (f) | орбита | orbita |
| girar (vi) | айланмоқ | aylanmoq |
| atmosfera (f) | атмосфера | atmosfera |
| | | |
| Sol (m) | Қуёш | Quyosh |
| Sistema (m) Solar | Қуёш системаси | Quyosh sistemasi |
| eclipse (m) solar | Қуёш тутилиши | Quyosh tutilishi |
| | | |
| Terra (f) | Ер | Er |
| Lua (f) | Ой | Oy |
| | | |
| Marte (m) | Марс | Mars |
| Vênus (f) | Венера | Venera |
| Júpiter (m) | Юпитер | Yupiter |
| Saturno (m) | Сатурн | Saturn |
| | | |
| Mercúrio (m) | Меркурий | Merkuriy |
| Urano (m) | Уран | Uran |
| Netuno (m) | Нептун | Neptun |
| Plutão (m) | Плутон | Pluton |
| | | |
| Via Láctea (f) | Сомон йўли | Somon Yo'li |
| Ursa Maior (f) | Катта айиқ | Katta ayiq |
| Estrela Polar (f) | Қутб Юлдузи | Qutb Yulduzi |
| marciano (m) | марслик | marslik |
| extraterrestre (m) | ўзга сайёралик | o'zga sayyoralik |

| alienígena (m) | бегона | begona |
| disco (m) voador | учар ликопча | uchar likopcha |

| espaçonave (f) | космик кема | kosmik kema |
| estação (f) orbital | орбитал станция | orbital stantsiya |
| lançamento (m) | старт | start |

| motor (m) | двигател | dvigatel |
| bocal (m) | сопло | soplo |
| combustível (m) | ёқилғи | yoqilg'i |

| cabine (f) | кабина | kabina |
| antena (f) | антенна | antenna |
| vigia (f) | иллюминатор | illyuminator |
| bateria (f) solar | қуёш батареяси | quyosh batareyasi |
| traje (m) espacial | скафандр | skafandr |

| imponderabilidade (f) | вазнсизлик | vaznsizlik |
| oxigênio (m) | кислород | kislorod |

| acoplagem (f) | туташтириш | tutashtirish |
| fazer uma acoplagem | туташтирмоқ | tutashtirmoq |

| observatório (m) | обсерватория | observatoriya |
| telescópio (m) | телескоп | teleskop |
| observar (vt) | кузатмоқ | kuzatmoq |
| explorar (vt) | тадқиқ қилмоқ | tadqiq qilmoq |

## 165. A Terra

| Terra (f) | Ер | Er |
| globo terrestre (Terra) | ер шари | er shari |
| planeta (m) | планета | planeta |

| atmosfera (f) | атмосфера | atmosfera |
| geografia (f) | география | geografiya |
| natureza (f) | табиат | tabiat |

| globo (mapa esférico) | глобус | globus |
| mapa (m) | харита | xarita |
| atlas (m) | атлас | atlas |

| Europa (f) | Европа | Evropa |
| Ásia (f) | Осиё | Osiyo |

| África (f) | Африка | Afrika |
| Austrália (f) | Австралия | Avstraliya |

| América (f) | Америка | Amerika |
| América (f) do Norte | Шимолий Америка | Shimoliy Amerika |
| América (f) do Sul | Жанубий Америка | Janubiy Amerika |

| Antártida (f) | Антарктида | Antarktida |
| Ártico (m) | Арктика | Arktika |

## 166. Pontos cardeais

| | | |
|---|---|---|
| norte (m) | шимол | shimol |
| para norte | шимолга | shimolga |
| no norte | шимолда | shimolda |
| do norte (adj) | шимолий | shimoliy |
| | | |
| sul (m) | жануб | janub |
| para sul | жанубга | janubga |
| no sul | жанубда | janubda |
| do sul (adj) | жанубий | janubiy |
| | | |
| oeste, ocidente (m) | ғарб | g'arb |
| para oeste | ғарбга | g'arbga |
| no oeste | ғарбда | g'arbda |
| ocidental (adj) | ғарбий | g'arbiy |
| | | |
| leste, oriente (m) | шарқ | sharq |
| para leste | шарқга | sharqga |
| no leste | шарқда | sharqda |
| oriental (adj) | шарқий | sharqiy |

## 167. Mar. Oceano

| | | |
|---|---|---|
| mar (m) | денгиз | dengiz |
| oceano (m) | океан | okean |
| golfo (m) | кўрфаз | ko'rfaz |
| estreito (m) | бўғоз | bo'g'oz |
| | | |
| terra (f) firme | йер, қуруқлик | yer, quruqlik |
| continente (m) | материк | materik |
| ilha (f) | орол | orol |
| península (f) | ярим орол | yarim orol |
| arquipélago (m) | архипелаг | arxipelag |
| | | |
| baía (f) | кўрфаз | ko'rfaz |
| porto (m) | бандаргоҳ | bandargoh |
| lagoa (f) | лагуна | laguna |
| cabo (m) | бурун | burun |
| | | |
| atol (m) | атолл | atoll |
| recife (m) | сув ичидаги қоя | suv ichidagi qoya |
| coral (m) | маржон | marjon |
| recife (m) de coral | маржон қоялари | marjon qoyalari |
| | | |
| profundo (adj) | чуқур | chuqur |
| profundidade (f) | чуқурлик | chuqurlik |
| abismo (m) | тагсиз чуқурлик | tagsiz chuqurlik |
| fossa (f) oceânica | камгак | kamgak |
| | | |
| corrente (f) | оқим | oqim |
| banhar (vt) | ювмоқ | yuvmoq |
| litoral (m) | қирғоқ | qirg'oq |

| costa (f) | қирғоқ бўйи | qirg'oq bo'yi |
| maré (f) alta | сувнинг кўтарилиши | suvning ko'tarilishi |
| refluxo (m) | сувнинг пасайиши | suvning pasayishi |
| restinga (f) | саёзлик | sayozlik |
| fundo (m) | туб | tub |

| onda (f) | тўлқин | to'lqin |
| crista (f) da onda | тўлқин ўркачи | to'lqin o'rkachi |
| espuma (f) | кўпик | ko'pik |

| tempestade (f) | довул | dovul |
| furacão (m) | бўрон | bo'ron |
| tsunami (m) | сунами | sunami |
| calmaria (f) | штил | shtil |
| calmo (adj) | тинч | tinch |

| polo (m) | қутб | qutb |
| polar (adj) | қутбий | qutbiy |

| latitude (f) | кенглик | kenglik |
| longitude (f) | узунлик | uzunlik |
| paralela (f) | параллел | parallel |
| equador (m) | экватор | ekvator |

| céu (m) | осмон | osmon |
| horizonte (m) | уфқ | ufq |
| ar (m) | ҳаво | havo |

| farol (m) | маёқ | mayoq |
| mergulhar (vi) | шўнғимоқ | sho'ng'imoq |
| afundar-se (vr) | чўкиб кетмоқ | cho'kib ketmoq |
| tesouros (m pl) | хазина | xazina |

## 168. Montanhas

| montanha (f) | тоғ | tog' |
| cordilheira (f) | тоғ тизмалари | tog' tizmalari |
| serra (f) | тоғ тизмаси | tog' tizmasi |

| cume (m) | чўққи | cho'qqi |
| pico (m) | чўққи | cho'qqi |
| pé (m) | етак | etak |
| declive (m) | ёнбағир | yonbag'ir |

| vulcão (m) | вулқон | vulqon |
| vulcão (m) ativo | ҳаракатдаги вулқон | harakatdagi vulqon |
| vulcão (m) extinto | ўчган вулқон | o'chgan vulqon |

| erupção (f) | отилиш | otilish |
| cratera (f) | кратер | krater |
| magma (m) | магма | magma |
| lava (f) | лава | lava |
| fundido (lava ~a) | қизиган | qizigan |
| cânion, desfiladeiro (m) | канён | kanyon |

| | | |
|---|---|---|
| garganta (f) | дара | dara |
| fenda (f) | тоғ оралиғи | tog' oralig'i |
| precipício (m) | жарлик, тик жар | jarlik, tik jar |
| | | |
| passo, colo (m) | довон | dovon |
| planalto (m) | ясси тоғ | yassi tog' |
| falésia (f) | қоя | qoya |
| colina (f) | тепалик | tepalik |
| | | |
| geleira (f) | музлик | muzlik |
| cachoeira (f) | шаршара | sharshara |
| gêiser (m) | гейзер | geyzer |
| lago (m) | кўл | ko'l |
| | | |
| planície (f) | текислик | tekislik |
| paisagem (f) | манзара | manzara |
| eco (m) | акс-садо | aks-sado |
| | | |
| alpinista (m) | алпинист | alpinist |
| escalador (m) | қояларга чиқувчи спортчи | qoyalarga chiquvchi sportchi |
| conquistar (vt) | забт етмоқ | zabt etmoq |
| subida, escalada (f) | тоққа чиқиш | toqqa chiqish |

## 169. Rios

| | | |
|---|---|---|
| rio (m) | дарё | daryo |
| fonte, nascente (f) | булоқ | buloq |
| leito (m) de rio | ўзан | o'zan |
| bacia (f) | ховуз | hovuz |
| desaguar no ... | ... га қўшилмоқ | ... ga qo'shilmoq |
| | | |
| afluente (m) | ирмоқ | irmoq |
| margem (do rio) | қирғоқ | qirg'oq |
| | | |
| corrente (f) | оқим | oqim |
| rio abaixo | оқимнинг қуйиси бўйича | oqimning quyisi bo'yicha |
| rio acima | оқимнинг юқориси бўйича | oqimning yuqorisi bo'yicha |
| | | |
| inundação (f) | сув босиши | suv bosishi |
| cheia (f) | сув тошқини | suv toshqini |
| transbordar (vi) | дарёнинг тошиши | daryoning toshishi |
| inundar (vt) | сув бостирмоқ | suv bostirmoq |
| | | |
| banco (m) de areia | саёзлик | sayozlik |
| corredeira (f) | остонатош | ostonatosh |
| | | |
| barragem (f) | тўғон | to'g'on |
| canal (m) | канал | kanal |
| reservatório (m) de água | сув омбори | suv ombori |
| eclusa (f) | шлюз | shlyuz |
| | | |
| corpo (m) de água | ҳавза | havza |
| pântano (m) | ботқоқ | botqoq |
| lamaçal (m) | ботқоқлик | botqoqlik |

| | | |
|---|---|---|
| redemoinho (m) | гирдоб | girdob |
| riacho (m) | жилға | jilg'a |
| potável (adj) | ичиладиган | ichiladigan |
| doce (água) | чучук | chuchuk |
| | | |
| gelo (m) | муз | muz |
| congelar-se (vr) | музлаб қолмоқ | muzlab qolmoq |

## 170. Floresta

| | | |
|---|---|---|
| floresta (f), bosque (m) | ўрмон | o'rmon |
| florestal (adj) | ўрмон | o'rmon |
| | | |
| mata (f) fechada | чангалзор | changalzor |
| arvoredo (m) | дарахтзор | daraxtzor |
| clareira (f) | яланглик | yalanglik |
| | | |
| matagal (m) | чангалзор | changalzor |
| mato (m), caatinga (f) | бутазор | butazor |
| | | |
| pequena trilha (f) | сўқмоқча | so'qmoqcha |
| ravina (f) | жарлик | jarlik |
| | | |
| árvore (f) | дарахт | daraxt |
| folha (f) | барг | barg |
| folhagem (f) | барглар | barglar |
| | | |
| queda (f) das folhas | хазонрезгилик | xazonrezgilik |
| cair (vi) | тўкилмоқ | to'kilmoq |
| topo (m) | уч | uch |
| | | |
| ramo (m) | шох | shox |
| galho (m) | бутоқ | butoq |
| botão (m) | куртак | kurtak |
| agulha (f) | игна | igna |
| pinha (f) | ғудда | g'udda |
| | | |
| buraco (m) de árvore | ковак | kovak |
| ninho (m) | уя | uya |
| toca (f) | ин | in |
| | | |
| tronco (m) | тана | tana |
| raiz (f) | илдиз | ildiz |
| casca (f) de árvore | пўстлоқ | po'stloq |
| musgo (m) | мох | mox |
| | | |
| arrancar pela raiz | кавламоқ | kavlamoq |
| cortar (vt) | чопмоқ | chopmoq |
| desflorestar (vt) | кесиб ташламоқ | kesib tashlamoq |
| toco, cepo (m) | тўнка | to'nka |
| | | |
| fogueira (f) | гулхан | gulxan |
| incêndio (m) florestal | ёнғин | yong'in |
| apagar (vt) | ўчирмоқ | o'chirmoq |

| Português | Uzbeque (cyrillic) | Uzbeque (latin) |
|---|---|---|
| guarda-parque (m) | ўрмончи | o'rmonchi |
| proteção (f) | муҳофаза | muhofaza |
| proteger (a natureza) | муҳофаза қилмоқ | muhofaza qilmoq |
| caçador (m) furtivo | браконер | brakoner |
| armadilha (f) | қопқон | qopqon |
| colher (cogumelos, bagas) | термоқ | termoq |
| perder-se (vr) | адашиб қолмоқ | adashib qolmoq |

## 171. Recursos naturais

| Português | Uzbeque (cyrillic) | Uzbeque (latin) |
|---|---|---|
| recursos (m pl) naturais | табиий ресурслар | tabiiy resurslar |
| minerais (m pl) | фойдали қазилмалар | foydali qazilmalar |
| depósitos (m pl) | қатлам бўлиб ётган конлар | qatlam bo'lib yotgan konlar |
| jazida (f) | кон | kon |
| extrair (vt) | қазиб олмоқ | qazib olmoq |
| extração (f) | кончилик | konchilik |
| minério (m) | руда | ruda |
| mina (f) | кон | kon |
| poço (m) de mina | шахта | shaxta |
| mineiro (m) | кончи | konchi |
| gás (m) | газ | gaz |
| gasoduto (m) | газ қувури | gaz quvuri |
| petróleo (m) | нефт | neft |
| oleoduto (m) | нефт қувури | neft quvuri |
| poço (m) de petróleo | нефт минораси | neft minorasi |
| torre (f) petrolífera | бурғилаш минораси | burg'ilash minorasi |
| petroleiro (m) | танкер | tanker |
| areia (f) | қум | qum |
| calcário (m) | оҳактош | ohaktosh |
| cascalho (m) | шағал | shag'al |
| turfa (f) | торф | torf |
| argila (f) | лой | loy |
| carvão (m) | кўмир | ko'mir |
| ferro (m) | темир | temir |
| ouro (m) | олтин | oltin |
| prata (f) | кумуш | kumush |
| níquel (m) | никел | nikel |
| cobre (m) | мис | mis |
| zinco (m) | рух | rux |
| manganês (m) | марганец | marganets |
| mercúrio (m) | симоб | simob |
| chumbo (m) | қўрғошин | qo'rg'oshin |
| mineral (m) | минерал | mineral |
| cristal (m) | кристалл | kristall |
| mármore (m) | мармар | marmar |
| urânio (m) | уран | uran |

# A Terra. Parte 2

## 172. Tempo

| | | |
|---|---|---|
| tempo (m) | об-ҳаво | ob-havo |
| previsão (f) do tempo | об-ҳаво маълумоти | ob-havo ma'lumoti |
| temperatura (f) | ҳарорат | harorat |
| termômetro (m) | термометр | termometr |
| barômetro (m) | барометр | barometr |
| | | |
| úmido (adj) | нам | nam |
| umidade (f) | намлик | namlik |
| calor (m) | иссиқ | issiq |
| tórrido (adj) | жазирама | jazirama |
| está muito calor | иссиқ | issiq |
| | | |
| está calor | илиқ | iliq |
| quente (morno) | илиқ | iliq |
| | | |
| está frio | совуқ | sovuq |
| frio (adj) | совуқ | sovuq |
| | | |
| sol (m) | қуёш | quyosh |
| brilhar (vi) | нур сочмоқ | nur sochmoq |
| de sol, ensolarado | қуёшли | quyoshli |
| nascer (vi) | чиқмоқ | chiqmoq |
| pôr-se (vr) | ўтирмоқ | o'tirmoq |
| | | |
| nuvem (f) | булут | bulut |
| nublado (adj) | булутли | bulutli |
| nuvem (f) preta | булут | bulut |
| escuro, cinzento (adj) | булутли | bulutli |
| | | |
| chuva (f) | ёмғир | yomg'ir |
| está a chover | ёмғир ёғяпти | yomg'ir yog'yapti |
| | | |
| chuvoso (adj) | ёмғирли | yomg'irli |
| chuviscar (vi) | майдалаб ёғмоқ | maydalab yog'moq |
| | | |
| chuva (f) torrencial | шаррос ёмғир | sharros yomg'ir |
| aguaceiro (m) | жала | jala |
| forte (chuva, etc.) | кучли | kuchli |
| | | |
| poça (f) | кўлмак | ko'lmak |
| molhar-se (vr) | ҳўл бўлмоқ | xo'l bo'lmoq |
| | | |
| nevoeiro (m) | туман | tuman |
| de nevoeiro | туманли | tumanli |
| neve (f) | қор | qor |
| está nevando | қор ёғяпти | qor yog'yapti |

## 173. Tempo extremo. Catástrofes naturais

| | | |
|---|---|---|
| trovoada (f) | момақалдироқ | momaqaldiroq |
| relâmpago (m) | чақмоқ | chaqmoq |
| relampejar (vi) | чарақламоқ | charaqlamoq |
| trovão (m) | момақалдироқ | momaqaldiroq |
| trovejar (vi) | гумбурламоқ | gumburlamoq |
| está trovejando | момақалдироқ гумбурлаяпти | momaqaldiroq gumburlayapti |
| granizo (m) | дўл | do'l |
| está caindo granizo | дўл ёғяпти | do'l yog'yapti |
| inundar (vt) | сув бостирмоқ | suv bostirmoq |
| inundação (f) | сув босиши | suv bosishi |
| terremoto (m) | зилзила | zilzila |
| abalo, tremor (m) | силкиниш | silkinish |
| epicentro (m) | епицентр | epitsentr |
| erupção (f) | отилиш | otilish |
| lava (f) | лава | lava |
| tornado (m) | қуюн | quyun |
| tornado (m) | торнадо | tornado |
| tufão (m) | тўфон | to'fon |
| furacão (m) | бўрон | bo'ron |
| tempestade (f) | довул | dovul |
| tsunami (m) | сунами | sunami |
| ciclone (m) | сиклон | siklon |
| mau tempo (m) | ёғингарчилик | yog'ingarchilik |
| incêndio (m) | ёнғин | yong'in |
| catástrofe (f) | ҳалокат | halokat |
| meteorito (m) | метеорит | meteorit |
| avalanche (f) | кўчки | ko'chki |
| deslizamento (m) de neve | қор кўчкиси | qor ko'chkisi |
| nevasca (f) | қор бўрони | qor bo'roni |
| tempestade (f) de neve | қор бўралаши | qor bo'ralashi |

# Fauna

## 174. Mamíferos. Predadores

| predador (m) | йирткич | yirtqich |
| tigre (m) | йўлбарс | yo'lbars |
| leão (m) | шер | sher |
| lobo (m) | бўри | bo'ri |
| raposa (f) | тулки | tulki |

| jaguar (m) | ягуар | yaguar |
| leopardo (m) | коплон | qoplon |
| chita (f) | гепард | gepard |

| pantera (f) | кора коплон | qora qoplon |
| puma (m) | пума | puma |
| leopardo-das-neves (m) | кор коплони | qor qoploni |
| lince (m) | силовсин | silovsin |

| coiote (m) | коёт | koyot |
| chacal (m) | шокол | shoqol |
| hiena (f) | сиртлон | sirtlon |

## 175. Animais selvagens

| animal (m) | жонивор | jonivor |
| besta (f) | хайвон | hayvon |

| esquilo (m) | олмахон | olmaxon |
| ouriço (m) | типратикан | tipratikan |
| lebre (f) | куён | quyon |
| coelho (m) | куён | quyon |

| texugo (m) | бўрсик | bo'rsiq |
| guaxinim (m) | енот | enot |
| hamster (m) | огмахон | og'maxon |
| marmota (f) | сугур | sug'ur |

| toupeira (f) | кўр каламуш | ko'r kalamush |
| rato (m) | сичкон | sichqon |
| ratazana (f) | каламуш | kalamush |
| morcego (m) | кўршапалак | ko'rshapalak |

| arminho (m) | оксувсар | oqsuvsar |
| zibelina (f) | собол | sobol |
| marta (f) | сувсар | suvsar |
| doninha (f) | латча | latcha |
| visom (m) | коракўзан | qorako'zan |

| | | |
|---|---|---|
| castor (m) | сув кундузи | suv qunduzi |
| lontra (f) | кундуз | qunduz |
| | | |
| cavalo (m) | от | ot |
| alce (m) | лос | los |
| veado (m) | буғу | bug'u |
| camelo (m) | туя | tuya |
| | | |
| bisão (m) | бизон | bizon |
| auroque (m) | зубр | zubr |
| búfalo (m) | буйвол | buyvol |
| | | |
| zebra (f) | зебра | zebra |
| antílope (m) | антилопа | antilopa |
| corça (f) | кичик буғу | kichik bug'u |
| gamo (m) | кийик | kiyik |
| camurça (f) | тоғ кийик | tog' kiyik |
| javali (m) | тӱнғиз | to'ng'iz |
| | | |
| baleia (f) | кит | kit |
| foca (f) | тюлен | tyulen |
| morsa (f) | морж | morj |
| urso-marinho (m) | денгиз мушуги | dengiz mushugi |
| golfinho (m) | делфин | delfin |
| | | |
| urso (m) | айиқ | ayiq |
| urso (m) polar | оқ айиқ | oq ayiq |
| panda (m) | панда | panda |
| | | |
| macaco (m) | маймун | maymun |
| chimpanzé (m) | шимпанзе | shimpanze |
| orangotango (m) | орангутанг | orangutang |
| gorila (m) | горилла | gorilla |
| macaco (m) | макака | makaka |
| gibão (m) | гиббон | gibbon |
| | | |
| elefante (m) | фил | fil |
| rinoceronte (m) | каркидон | karkidon |
| girafa (f) | жираф | jiraf |
| hipopótamo (m) | бегемот | begemot |
| | | |
| canguru (m) | кенгуру | kenguru |
| coala (m) | коала | koala |
| | | |
| mangusto (m) | мангуст | mangust |
| chinchila (f) | шиншилла | shinshilla |
| cangambá (f) | сассиқ кӱзан | sassiq ko'zan |
| porco-espinho (m) | жайра | jayra |

## 176. Animais domésticos

| | | |
|---|---|---|
| gata (f) | мушук | mushuk |
| gato (m) macho | мушук | mushuk |
| cão (m) | ит | it |

| cavalo (m) | от | ot |
| garanhão (m) | айғир | ayg'ir |
| égua (f) | бия | biya |

| vaca (f) | мол | mol |
| touro (m) | буқа | buqa |
| boi (m) | хўкиз | ho'kiz |

| ovelha (f) | қўй | qo'y |
| carneiro (m) | қўчқор | qo'chqor |
| cabra (f) | ечки | echki |
| bode (m) | така | taka |

| burro (m) | ешак | eshak |
| mula (f) | хачир | xachir |

| porco (m) | чўчқа | cho'chqa |
| leitão (m) | чўчқа боласи | cho'chqa bolasi |
| coelho (m) | қуён | quyon |

| galinha (f) | товуқ | tovuq |
| galo (m) | хўроз | xo'roz |

| pata (f), pato (m) | ўрдак | o'rdak |
| pato (m) | ўрдак | o'rdak |
| ganso (m) | ғоз | g'oz |

| peru (m) | курка | kurka |
| perua (f) | курка | kurka |

| animais (m pl) domésticos | уй ҳайвонлари | uy hayvonlari |
| domesticado (adj) | қўлга ўргатилган | qo'lga o'rgatilgan |
| domesticar (vt) | қўлга ўргатмоқ | qo'lga o'rgatmoq |
| criar (vt) | боқмоқ | boqmoq |

| fazenda (f) | ферма | ferma |
| aves (f pl) domésticas | уй паррандаси | uy parrandasi |
| gado (m) | мол | mol |
| rebanho (m), manada (f) | пода | poda |

| estábulo (m) | отхона | otxona |
| chiqueiro (m) | чўчқахона | cho'chqaxona |
| estábulo (m) | молхона | molxona |
| coelheira (f) | қуёнхона | quyonxona |
| galinheiro (m) | товуқхона | tovuqxona |

## 177. Cães. Raças de cães

| cão (m) | ит | it |
| cão pastor (m) | овчарка | ovcharka |
| pastor-alemão (m) | немис овчаркаси | nemis ovcharkasi |
| poodle (m) | пудел | pudel |
| linguicinha (m) | такса | taksa |
| buldogue (m) | булдог | buldog |

| | | |
|---|---|---|
| boxer (m) | боксёр | boksyor |
| mastim (m) | мастиф | mastif |
| rottweiler (m) | ротвейлер | rotveyler |
| dóberman (m) | доберман | doberman |

| | | |
|---|---|---|
| basset (m) | бассет | basset |
| pastor inglês (m) | бобтейл | bobteyl |
| dálmata (m) | далматин | dalmatin |
| cocker spaniel (m) | кокер-спаниел | koker-spaniel |

| | | |
|---|---|---|
| terra-nova (m) | нюфаундленд | nyufaundlend |
| são-bernardo (m) | сенбернар | senbernar |

| | | |
|---|---|---|
| husky (m) siberiano | хаски | xaski |
| Chow-chow (m) | чау-чау | chau-chau |
| spitz alemão (m) | шпиц | shpits |
| pug (m) | мопс | mops |

## 178. Sons produzidos pelos animais

| | | |
|---|---|---|
| latido (m) | вовиллаш | vovillash |
| latir (vi) | вовилламоқ | vovillamoq |
| miar (vi) | миёвламоқ | miyovlamoq |
| ronronar (vi) | хурилламоқ | xurillamoq |

| | | |
|---|---|---|
| mugir (vaca) | маъramoқ | ma'ramoq |
| bramir (touro) | ўкирмоқ | o'kirmoq |
| rosnar (vi) | ирилламоқ | irillamoq |

| | | |
|---|---|---|
| uivo (m) | увиллаш | uvillash |
| uivar (vi) | увламоқ | uvlamoq |
| ganir (vi) | ангилламоқ | angillamoq |

| | | |
|---|---|---|
| balir (vi) | баъламоқ | ba'lamoq |
| grunhir (vi) | хурхурламоқ | xurxurlamoq |
| guinchar (vi) | чийилламоқ | chiyillamoq |

| | | |
|---|---|---|
| coaxar (sapo) | вақвақламоқ | vaqvaqlamoq |
| zumbir (inseto) | визилламоқ | vizillamoq |
| ziziar (vi) | чирилламоқ | chirillamoq |

## 179. Pássaros

| | | |
|---|---|---|
| pássaro (m), ave (f) | қуш | qush |
| pombo (m) | каптар | kaptar |
| pardal (m) | чумчуқ | chumchuq |
| chapim-real (m) | читтак | chittak |
| pega-rabuda (f) | ҳакка | hakka |

| | | |
|---|---|---|
| corvo (m) | қарға | qarg'a |
| gralha-cinzenta (f) | қарға | qarg'a |
| gralha-de-nuca-cinzenta (f) | зоғча | zog'cha |

| gralha-calva (f) | гўнгқарға | go'ngqarg'a |
| pato (m) | ўрдак | o'rdak |
| ganso (m) | ғоз | g'oz |
| faisão (m) | қирғовул | qirg'ovul |

| águia (f) | бургут | burgut |
| açor (m) | қирғий | qirg'iy |
| falcão (m) | лочин | lochin |

| abutre (m) | калхат | kalxat |
| condor (m) | кондор | kondor |

| cisne (m) | оққуш | oqqush |
| grou (m) | турна | turna |
| cegonha (f) | лайлак | laylak |

| papagaio (m) | тўтиқуш | to'tiqush |
| beija-flor (m) | колибри | kolibri |
| pavão (m) | товус | tovus |

| avestruz (m) | туяқуш | tuyaqush |
| garça (f) | қарқара | qarqara |

| flamingo (m) | фламинго | flamingo |
| pelicano (m) | сақоқуш | saqoqush |

| rouxinol (m) | булбул | bulbul |
| andorinha (f) | қалдирғоч | qaldirg'och |

| tordo-zornal (m) | қораялоқ | qorayaloq |
| tordo-músico (m) | сайроқи қораялоқ | sayroqi qorayaloq |
| melro-preto (m) | қора қораялоқ | qora qorayaloq |

| andorinhão (m) | жарқалдирғоч | jarqaldirg'och |
| cotovia (f) | тўрғай | to'rg'ay |
| codorna (f) | бедана | bedana |

| pica-pau (m) | қизилиштон | qizilishton |
| cuco (m) | какку | kakku |
| coruja (f) | бойқуш | boyqush |
| bufo-real (m) | укки | ukki |
| tetraz-grande (m) | карқуш | karqush |

| tetraz-lira (m) | қур | qur |
| perdiz-cinzenta (f) | каклик | kaklik |

| estorninho (m) | чуғурчиқ | chug'urchiq |
| canário (m) | канарейка | kanareyka |
| galinha-do-mato (f) | булдуруқ | bulduruq |

| tentilhão (m) | зяблик | zyablik |
| dom-fafe (m) | снегир | snegir |

| gaivota (f) | чайка | chayka |
| albatroz (m) | албатрос | albatros |
| pinguim (m) | пингвин | pingvin |

## 180. Pássaros. Canto e sons

| | | |
|---|---|---|
| cantar (vi) | куйламоқ | kuylamoq |
| gritar, chamar (vi) | бақирмоқ | baqirmoq |
| cantar (o galo) | қичқирмоқ | qichqirmoq |
| cocorocó (m) | қичқириқ | qichqiriq |
| | | |
| cacarejar (vi) | қақағламоқ | qaqag'lamoq |
| crocitar (vi) | қағилламоқ | qag'illamoq |
| grasnar (vi) | ғақғақламоқ | g'aqg'aqlamoq |
| piar (vi) | чийилламоқ | chiyillamoq |
| chilrear, gorjear (vi) | чирқилламоқ | chirqillamoq |

## 181. Peixes. Animais marinhos

| | | |
|---|---|---|
| brema (f) | лешч | leshch |
| carpa (f) | зоғорабалиқ | zog'orabaliq |
| perca (f) | олабуға | olabug'a |
| siluro (m) | лаққа балиқ | laqqa baliq |
| lúcio (m) | чўртанбалиқ | cho'rtanbaliq |
| | | |
| salmão (m) | лосос | losos |
| esturjão (m) | осётр | osyotr |
| | | |
| arenque (m) | селд | seld |
| salmão (m) do Atlântico | сёмга | syomga |
| cavala, sarda (f) | скумбрия | skumbriya |
| solha (f), linguado (m) | камбала | kambala |
| | | |
| lúcio perca (m) | судак | sudak |
| bacalhau (m) | треска | treska |
| atum (m) | тунец | tunets |
| truta (f) | форел | forel |
| | | |
| enguia (f) | илонбалиқ | ilonbaliq |
| raia (f) elétrica | electr скат | elektr skat |
| moreia (f) | мурена | murena |
| piranha (f) | пираня | piranya |
| | | |
| tubarão (m) | акула | akula |
| golfinho (m) | делфин | delfin |
| baleia (f) | кит | kit |
| | | |
| caranguejo (m) | қисқичбақа | qisqichbaqa |
| água-viva (f) | медуза | meduza |
| polvo (m) | саккизоёқ | sakkizoyoq |
| | | |
| estrela-do-mar (f) | денгиз юлдузи | dengiz yulduzi |
| ouriço-do-mar (m) | денгиз кирписи | dengiz kirpisi |
| cavalo-marinho (m) | денгиз оти | dengiz oti |
| | | |
| ostra (f) | устрица | ustritsa |
| camarão (m) | креветка | krevetka |

| | | |
|---|---|---|
| lagosta (f) | омар | omar |
| lagosta (f) | лангуст | langust |

## 182. Anfíbios. Répteis

| | | |
|---|---|---|
| cobra (f) | илон | ilon |
| venenoso (adj) | заҳарли | zaharli |

| | | |
|---|---|---|
| víbora (f) | қора илон | qora ilon |
| naja (f) | кобра | kobra |
| píton (m) | питон | piton |
| jiboia (f) | буғма илон | bo'g'ma ilon |

| | | |
|---|---|---|
| cobra-de-água (f) | сувилон | suvilon |
| cascavel (f) | шақилдоқ илон | shaqildoq ilon |
| anaconda (f) | анаконда | anakonda |

| | | |
|---|---|---|
| lagarto (m) | калтакесак | kaltakesak |
| iguana (f) | игуана | iguana |
| varano (m) | ечкиемар | echkiemar |
| salamandra (f) | саламандра | salamandra |
| camaleão (m) | хамелеон | xameleon |
| escorpião (m) | чаён | chayon |

| | | |
|---|---|---|
| tartaruga (f) | тошбақа | toshbaqa |
| rã (f) | бақа | baqa |
| sapo (m) | қурбақа | qurbaqa |
| crocodilo (m) | тимсоҳ | timsoh |

## 183. Insetos

| | | |
|---|---|---|
| inseto (m) | ҳашарот | hasharot |
| borboleta (f) | капалак | kapalak |
| formiga (f) | чумоли | chumoli |
| mosca (f) | пашша | pashsha |
| mosquito (m) | чивин | chivin |
| escaravelho (m) | қўнғиз | qo'ng'iz |

| | | |
|---|---|---|
| vespa (f) | ари | ari |
| abelha (f) | асалари | asalari |
| mamangaba (f) | қовоқари | qovoqari |
| moscardo (m) | сўна | so'na |

| | | |
|---|---|---|
| aranha (f) | ўргимчак | o'rgimchak |
| teia (f) de aranha | ўргимчак ини | o'rgimchak ini |

| | | |
|---|---|---|
| libélula (f) | ниначи | ninachi |
| gafanhoto (m) | чигиртка | chigirtka |
| traça (f) | парвона | parvona |

| | | |
|---|---|---|
| barata (f) | суварак | suvarak |
| carrapato (m) | кана | kana |

| | | |
|---|---|---|
| pulga (f) | бурга | burga |
| borrachudo (m) | майда чивин | mayda chivin |

| | | |
|---|---|---|
| gafanhoto (m) | чигиртка | chigirtka |
| caracol (m) | шиллиқ қурт | shilliq qurt |
| grilo (m) | қора чигиртка | qora chigirtka |
| pirilampo, vaga-lume (m) | ялтироқ қўнғиз | yaltiroq qo'ng'iz |
| joaninha (f) | хонқизи | xonqizi |
| besouro (m) | тиллақўнғиз | tillaqo'ng'iz |

| | | |
|---|---|---|
| sanguessuga (f) | зулук | zuluk |
| lagarta (f) | капалак қурти | kapalak qurti |
| minhoca (f) | чувалчанг | chuvalchang |
| larva (f) | қурт | qurt |

## 184. Animais. Partes do corpo

| | | |
|---|---|---|
| bico (m) | тумшуқ | tumshuq |
| asas (f pl) | қанотлар | qanotlar |
| pata (f) | панжа | panja |
| plumagem (f) | қуш патлари | qush patlari |
| pena, pluma (f) | пат | pat |
| crista (f) | кокилча | kokilcha |

| | | |
|---|---|---|
| brânquias, guelras (f pl) | ойқулоқ | oyquloq |
| ovas (f pl) | увилдириқ | uvildiriq |
| larva (f) | қурт | qurt |
| barbatana (f) | сузгич | suzgich |
| escama (f) | тангача | tangacha |

| | | |
|---|---|---|
| presa (f) | қозиқ тиш | qoziq tish |
| pata (f) | панжа | panja |
| focinho (m) | тумшуқ | tumshuq |
| boca (f) | оғиз | og'iz |
| cauda (f), rabo (m) | дум | dum |
| bigodes (m pl) | мўйлов | mo'ylov |

| | | |
|---|---|---|
| casco (m) | туёқ | tuyoq |
| corno (m) | шох | shox |

| | | |
|---|---|---|
| carapaça (f) | зирх | zirh |
| concha (f) | чиғаноқ | chig'anoq |
| casca (f) de ovo | қобиқ | qobiq |

| | | |
|---|---|---|
| pelo (m) | юнг | yung |
| pele (f), couro (m) | тери | teri |

## 185. Animais. Habitats

| | | |
|---|---|---|
| hábitat (m) | яшаш муҳити | yashash muhiti |
| migração (f) | миграция | migratsiya |
| montanha (f) | тоғ | tog' |

| | | |
|---|---|---|
| recife (m) | сув ичидаги қоя | suv ichidagi qoya |
| falésia (f) | қоя | qoya |
| | | |
| floresta (f) | ўрмон | o'rmon |
| selva (f) | жунгли | jungli |
| savana (f) | саванна | savanna |
| tundra (f) | тундра | tundra |
| | | |
| estepe (f) | чўл | cho'l |
| deserto (m) | сахро | sahro |
| oásis (m) | воха | voha |
| | | |
| mar (m) | денгиз | dengiz |
| lago (m) | кўл | ko'l |
| oceano (m) | океан | okean |
| | | |
| pântano (m) | ботқоқ | botqoq |
| de água doce | чучук сувли | chuchuk suvli |
| lagoa (f) | ховуз | hovuz |
| rio (m) | дарё | daryo |
| | | |
| toca (f) do urso | айиқ ини | ayiq ini |
| ninho (m) | уя | uya |
| buraco (m) de árvore | ковак | kovak |
| toca (f) | ин | in |
| formigueiro (m) | чумоли ини | chumoli ini |

# Flora

## 186. Árvores

| | | |
|---|---|---|
| árvore (f) | дарахт | daraxt |
| decídua (adj) | баргли | bargli |
| conífera (adj) | игнабаргли | ignabargli |
| perene (adj) | доимяшил | doimyashil |
| | | |
| macieira (f) | олма | olma |
| pereira (f) | нок | nok |
| cerejeira (f) | гилос | gilos |
| ginjeira (f) | олча | olcha |
| ameixeira (f) | олхӯри | olxo'ri |
| | | |
| bétula (f) | оқ қайин | oq qayin |
| carvalho (m) | еман | eman |
| tília (f) | жӯка дарахти | jo'ka daraxti |
| choupo-tremedor (m) | тоғтерак | tog'terak |
| bordo (m) | заранг дарахти | zarang daraxti |
| espruce (m) | қорақарағай | qoraqarag'ay |
| pinheiro (m) | қарағай | qarag'ay |
| alerce, lariço (m) | тилоғоч | tilog'och |
| abeto (m) | оққарағай | oqqarag'ay |
| cedro (m) | кедр | kedr |
| | | |
| choupo, álamo (m) | терак | terak |
| tramazeira (f) | четан | chetan |
| salgueiro (m) | мажнунтол | majnuntol |
| amieiro (m) | олха | olxa |
| faia (f) | қора қайин | qora qayin |
| ulmeiro, olmo (m) | қайрағоч | qayrag'och |
| freixo (m) | шумтол | shumtol |
| castanheiro (m) | каштан | kashtan |
| | | |
| magnólia (f) | магнолия | magnoliya |
| palmeira (f) | палма | palma |
| cipreste (m) | кипарис | kiparis |
| | | |
| mangue (m) | мангро дарахти | mangro daraxti |
| embondeiro, baobá (m) | баобаб | baobab |
| eucalipto (m) | евкалипт | evkalipt |
| sequoia (f) | секвойя | sekvoyya |

## 187. Arbustos

| | | |
|---|---|---|
| arbusto (m) | бута | buta |
| arbusto (m), moita (f) | бутазор | butazor |

| | | |
|---|---|---|
| videira (f) | узум | uzum |
| vinhedo (m) | узумзор | uzumzor |

| | | |
|---|---|---|
| framboeseira (f) | малина | malina |
| groselheira-negra (f) | қора смородина | qora smorodina |
| groselheira-vermelha (f) | қизил смородина | qizil smorodina |
| groselheira (f) espinhosa | крижовник | krijovnik |

| | | |
|---|---|---|
| acácia (f) | акация | akatsiya |
| bérberis (f) | зирк | zirk |
| jasmim (m) | ясмин | yasmin |

| | | |
|---|---|---|
| junípero (m) | қора арча | qora archa |
| roseira (f) | атиргул тупи | atirgul tupi |
| roseira (f) brava | наъматак | na'matak |

## 188. Cogumelos

| | | |
|---|---|---|
| cogumelo (m) | қўзиқорин | qo'ziqorin |
| cogumelo (m) comestível | еса бўладиган қўзиқорин | esa bo'ladigan qo'ziqorin |
| cogumelo (m) venenoso | заҳарли қўзиқорин | zaharli qo'ziqorin |
| chapéu (m) | салла | salla |
| pé, caule (m) | оёқча | oyoqcha |

| | | |
|---|---|---|
| boleto, porcino (m) | оқ қўзиқорин | oq qo'ziqorin |
| boleto (m) alaranjado | қизил қўзиқорин | qizil qo'ziqorin |
| boleto (m) de bétula | подберёзовик | podberyozovik |
| cantarelo (m) | лисичка | lisichka |
| rússula (f) | сироежка | siroejka |

| | | |
|---|---|---|
| morchella (f) | сморчок | smorchok |
| agário-das-moscas (m) | мухомор | muxomor |
| cicuta (f) verde | қурбақасалла | qurbaqasalla |

## 189. Frutos. Bagas

| | | |
|---|---|---|
| fruta (f) | мева | meva |
| frutas (f pl) | мевалар | mevalar |
| maçã (f) | олма | olma |
| pera (f) | нок | nok |
| ameixa (f) | олхўри | olxo'ri |

| | | |
|---|---|---|
| morango (m) | қулупнай | qulupnay |
| ginja (f) | олча | olcha |
| cereja (f) | гилос | gilos |
| uva (f) | узум | uzum |

| | | |
|---|---|---|
| framboesa (f) | малина | malina |
| groselha (f) negra | қора смородина | qora smorodina |
| groselha (f) vermelha | қизил смородина | qizil smorodina |
| groselha (f) espinhosa | крижовник | krijovnik |
| oxicoco (m) | клюква | klyukva |

| | | |
|---|---|---|
| laranja (f) | апелсин | apelsin |
| tangerina (f) | мандарин | mandarin |
| abacaxi (m) | ананас | ananas |
| banana (f) | банан | banan |
| tâmara (f) | хурмо | xurmo |

| | | |
|---|---|---|
| limão (m) | лимон | limon |
| damasco (m) | ўрик | o'rik |
| pêssego (m) | шафтоли | shaftoli |
| quiuí (m) | киви | kivi |
| toranja (f) | грейпфрут | greypfrut |

| | | |
|---|---|---|
| baga (f) | реза мева | reza meva |
| bagas (f pl) | реза мевалар | reza mevalar |
| arando (m) vermelho | брусника | brusnika |
| morango-silvestre (m) | йертут | yertut |
| mirtilo (m) | черника | chernika |

## 190. Flores. Plantas

| | | |
|---|---|---|
| flor (f) | гул | gul |
| buquê (m) de flores | даста | dasta |

| | | |
|---|---|---|
| rosa (f) | атиргул | atirgul |
| tulipa (f) | лола | lola |
| cravo (m) | чиннигул | chinnigul |
| gladíolo (m) | гладиолус | gladiolus |

| | | |
|---|---|---|
| centáurea (f) | бўтакўз | bo'tako'z |
| campainha (f) | қўнғироқгул | qo'ng'iroqgul |
| dente-de-leão (m) | момақаймоқ | momaqaymoq |
| camomila (f) | мойчечак | moychechak |

| | | |
|---|---|---|
| aloé (m) | алое | aloe |
| cacto (m) | кактус | kaktus |
| fícus (m) | фикус | fikus |

| | | |
|---|---|---|
| lírio (m) | лилия | liliya |
| gerânio (m) | ёронгул | yorongul |
| jacinto (m) | сунбул | sunbul |

| | | |
|---|---|---|
| mimosa (f) | мимоза | mimoza |
| narciso (m) | наргис | nargis |
| capuchinha (f) | лотин чечаги | lotin chechagi |

| | | |
|---|---|---|
| orquídea (f) | орхидея | orxideya |
| peônia (f) | саллагул | sallagul |
| violeta (f) | бинафша | binafsha |

| | | |
|---|---|---|
| amor-perfeito (m) | капалакгул | kapalakgul |
| não-me-esqueças (m) | бўтакўз | bo'tako'z |
| margarida (f) | дасторгул | dastorgul |
| papoula (f) | кўкнор | ko'knor |
| cânhamo (m) | наша ўсимлиги | nasha o'simligi |

| | | |
|---|---|---|
| hortelã, menta (f) | ялпиз | yalpiz |
| lírio-do-vale (m) | марваридгул | marvaridgul |
| campânula-branca (f) | бойчечак | boychechak |
| | | |
| urtiga (f) | қичитқи ўт | qichitqi o't |
| azedinha (f) | шовул | shovul |
| nenúfar (m) | нилфия | nilfiya |
| samambaia (f) | қирққулоқ | qirqquloq |
| líquen (m) | лишайник | lishaynik |
| | | |
| estufa (f) | оранжерея | oranjereya |
| gramado (m) | газон | gazon |
| canteiro (m) de flores | клумба | klumba |
| | | |
| planta (f) | ўсимлик | o'simlik |
| grama (f) | ўт | o't |
| folha (f) de grama | ўт пояси | o't poyasi |
| | | |
| folha (f) | барг | barg |
| pétala (f) | гулбарг | gulbarg |
| talo (m) | поя | poya |
| tubérculo (m) | тугунак | tugunak |
| | | |
| broto, rebento (m) | куртак | kurtak |
| espinho (m) | тиканак | tikanak |
| | | |
| florescer (vi) | гулламоқ | gullamoq |
| murchar (vi) | сўлимоқ | so'limoq |
| cheiro (m) | хид | hid |
| cortar (flores) | кесиб олмоқ | kesib olmoq |
| colher (uma flor) | узмоқ, узиб олмоқ | uzmoq, uzib olmoq |

## 191. Cereais, grãos

| | | |
|---|---|---|
| grão (m) | ғалла | g'alla |
| cereais (plantas) | ғалла ўсимликлари | g'alla o'simliklari |
| espiga (f) | бошоқ | boshoq |
| | | |
| trigo (m) | буғдой | bug'doy |
| centeio (m) | жавдар | javdar |
| aveia (f) | сули | suli |
| | | |
| painço (m) | тариқ | tariq |
| cevada (f) | арпа | arpa |
| | | |
| milho (m) | маккажўхори | makkajo'xori |
| arroz (m) | шоли | sholi |
| trigo-sarraceno (m) | гречиха | grechixa |
| | | |
| ervilha (f) | нўхат | no'xat |
| feijão (m) roxo | ловия | loviya |
| soja (f) | соя | soya |
| lentilha (f) | ясмиқ | yasmiq |
| feijão (m) | дуккакли ўсимликлар | dukkakli o'simliklar |

# GEOGRAFIA REGIONAL

## Países. Nacionalidades

### 192. Política. Governo. Parte 1

| | | |
|---|---|---|
| política (f) | сиёсат | siyosat |
| político (adj) | сиёсий | siyosiy |
| político (m) | сиёсатчи | siyosatchi |
| | | |
| estado (m) | давлат | davlat |
| cidadão (m) | фуқаро | fuqaro |
| cidadania (f) | фуқаролик | fuqarolik |
| | | |
| brasão (m) de armas | миллий герб | milliy gerb |
| hino (m) nacional | миллий мадхия | milliy madhiya |
| | | |
| governo (m) | хукумат | hukumat |
| Chefe (m) de Estado | мамлакат рахбари | mamlakat rahbari |
| parlamento (m) | парламент | parlament |
| partido (m) | партия | partiya |
| | | |
| capitalismo (m) | капитализм | kapitalizm |
| capitalista (adj) | капиталистик | kapitalistik |
| | | |
| socialismo (m) | социализм | sotsializm |
| socialista (adj) | социалистик | sotsialistik |
| | | |
| comunismo (m) | коммунизм | kommunizm |
| comunista (adj) | коммунистик | kommunistik |
| comunista (m) | коммунист | kommunist |
| | | |
| democracia (f) | демократия | demokratiya |
| democrata (m) | демократ | demokrat |
| democrático (adj) | демократик | demokratik |
| Partido (m) Democrático | демократик партия | demokratik partiya |
| | | |
| liberal (m) | либерал | liberal |
| liberal (adj) | либерал | liberal |
| | | |
| conservador (m) | консерватор | konservator |
| conservador (adj) | консерватив | konservativ |
| | | |
| república (f) | республика | respublika |
| republicano (m) | республикачи | respublikachi |
| Partido (m) Republicano | республикачилар партияси | respublikachilar partiyasi |
| | | |
| eleições (f pl) | сайловлар | saylovlar |
| eleger (vt) | сайламоқ | saylamoq |

| eleitor (m) | сайловчи | saylovchi |
| campanha (f) eleitoral | сайлов кампанияси | saylov kampaniyasi |

| votação (f) | овоз бериш | ovoz berish |
| votar (vi) | овоз бермоқ | ovoz bermoq |
| sufrágio (m) | овоз бериш ҳуқуқи | ovoz berish huquqi |

| candidato (m) | номзод | nomzod |
| candidatar-se (vi) | ўз номзодини қўймоқ | o'z nomzodini qo'ymoq |
| campanha (f) | кампания | kampaniya |

| da oposição | мухолиф | muxolif |
| oposição (f) | мухолафат | muxolafat |

| visita (f) | ташриф | tashrif |
| visita (f) oficial | расмий ташриф | rasmiy tashrif |
| internacional (adj) | халқаро | xalqaro |

| negociações (f pl) | музокоралар | muzokoralar |
| negociar (vi) | музокоралар олиб бориш | muzokoralar olib borish |

## 193. Política. Governo. Parte 2

| sociedade (f) | жамият | jamiyat |
| constituição (f) | конституция | konstitutsiya |
| poder (ir para o ~) | ҳокимият | hokimiyat |
| corrupção (f) | коррупция | korruptsiya |

| lei (f) | қонун | qonun |
| legal (adj) | қонуний | qonuniy |

| justeza (f) | адолат | adolat |
| justo (adj) | адолатли | adolatli |

| comitê (m) | қўмита | qo'mita |
| projeto-lei (m) | қонун лойиҳаси | qonun loyihasi |
| orçamento (m) | бюджет | byudjet |
| política (f) | сиёсат | siyosat |
| reforma (f) | ислоҳот | islohot |
| radical (adj) | радикал | radikal |

| força (f) | куч | kuch |
| poderoso (adj) | кучли | kuchli |
| partidário (m) | тарафдор | tarafdor |
| influência (f) | таъсир | ta'sir |

| regime (m) | тузум | tuzum |
| conflito (m) | низо | nizo |
| conspiração (f) | фитна | fitna |
| provocação (f) | иғво | ig'vo |

| derrubar (vt) | ағдармоқ | ag'darmoq |
| derrube (m), queda (f) | ағдариш | ag'darish |
| revolução (f) | инқилоб | inqilob |

| golpe (m) de Estado | тўнтариш | to'ntarish |
| golpe (m) militar | ҳарбий тўнтариш | harbiy to'ntarish |

| crise (f) | инқироз | inqiroz |
| recessão (f) econômica | иқтисодий инқироз | iqtisodiy inqiroz |
| manifestante (m) | намойишчи | namoyishchi |
| manifestação (f) | намойиш | namoyish |
| lei (f) marcial | ҳарбий ҳолат | harbiy holat |
| base (f) militar | ҳарбий база | harbiy baza |

| estabilidade (f) | барқарорлик | barqarorlik |
| estável (adj) | барқарор | barqaror |

| exploração (f) | експлуатация | ekspluatatsiya |
| explorar (vt) | експлуатация қилмоқ | ekspluatatsiya qilmoq |

| racismo (m) | ирқчилик | irqchilik |
| racista (m) | ирқчи | irqchi |
| fascismo (m) | фашизм | fashizm |
| fascista (m) | фашист | fashist |

## 194. Países. Diversos

| estrangeiro (m) | чет еллик | chet ellik |
| estrangeiro (adj) | чет ел | chet el |
| no estrangeiro | чет елларда | chet ellarda |

| emigrante (m) | муҳожир | muhojir |
| emigração (f) | муҳожирлик | muhojirlik |
| emigrar (vi) | муҳожирликка кетмоқ | muhojirlikka ketmoq |

| Ocidente (m) | ғарб | g'arb |
| Oriente (m) | Шарқ | Sharq |
| Extremo Oriente (m) | Узоқ Шарқ | Uzoq Sharq |

| civilização (f) | сивилизация | sivilizatsiya |
| humanidade (f) | инсоният | insoniyat |
| mundo (m) | олам | olam |
| paz (f) | тинчлик | tinchlik |
| mundial (adj) | умумжаҳон | umumjahon |

| pátria (f) | ватан | vatan |
| povo (população) | халқ | xalq |
| população (f) | аҳоли | aholi |
| gente (f) | одамлар | odamlar |
| nação (f) | миллат | millat |
| geração (f) | авлод | avlod |

| território (m) | майдон | maydon |
| região (f) | ҳудуд | hudud |
| estado (m) | штат | shtat |

| tradição (f) | анъана | an'ana |
| costume (m) | урф-одат | urf-odat |

| | | |
|---|---|---|
| ecologia (f) | екология | ekologiya |
| índio (m) | ҳинду | hindu |
| cigano (m) | лўли | lo'li |
| cigana (f) | лўли аёл | lo'li ayol |
| cigano (adj) | лўлиларга оид | lo'lilarga oid |

| | | |
|---|---|---|
| império (m) | империя | imperiya |
| colônia (f) | мустамлака | mustamlaka |
| escravidão (f) | қуллик | qullik |
| invasão (f) | бостириб келиш | bostirib kelish |
| fome (f) | очлик | ochlik |

## 195. Grupos religiosos mais importantes. Confissões

| | | |
|---|---|---|
| religião (f) | дин | din |
| religioso (adj) | диний | diniy |

| | | |
|---|---|---|
| crença (f) | еътиқод | e'tiqod |
| crer (vt) | еътиқод қилмоқ | e'tiqod qilmoq |
| crente (m) | диндор | dindor |

| | | |
|---|---|---|
| ateísmo (m) | атеизм | ateizm |
| ateu (m) | атеист | ateist |

| | | |
|---|---|---|
| cristianismo (m) | Христиан дини | Xristian dini |
| cristão (m) | христиан | xristian |
| cristão (adj) | хистианларга оид | xistianlarga oid |

| | | |
|---|---|---|
| catolicismo (m) | Католицизм | Katolitsizm |
| católico (m) | католик | katolik |
| católico (adj) | католикларга оид | katoliklarga oid |

| | | |
|---|---|---|
| protestantismo (m) | Протестантлик | Protestantlik |
| Igreja (f) Protestante | Протестантлар черкови | Protestantlar cherkovi |
| protestante (m) | протестант | protestant |

| | | |
|---|---|---|
| ortodoxia (f) | Православ | Pravoslav |
| Igreja (f) Ortodoxa | Православ черкови | Pravoslav cherkovi |
| ortodoxo (m) | православиега оид | pravoslaviega oid |

| | | |
|---|---|---|
| presbiterianismo (m) | Пресвитерианлик | Presviterianlik |
| Igreja (f) Presbiteriana | Пресвитерианлар черкови | Presviterianlar cherkovi |
| presbiteriano (m) | пресвитериан | presviterian |

| | | |
|---|---|---|
| luteranismo (m) | Лютеран черкови | Lyuteran cherkovi |
| luterano (m) | лютеран | lyuteran |

| | | |
|---|---|---|
| Igreja (f) Batista | Баптизм | Baptizm |
| batista (m) | баптист | baptist |

| | | |
|---|---|---|
| Igreja (f) Anglicana | Англикан черкови | Anglikan cherkovi |
| anglicano (m) | англикан | anglikan |
| mormonismo (m) | Мормонлик | Mormonlik |

| mórmon (m) | мормон | mormon |
| Judaísmo (m) | Яхудо дини | Yahudo dini |
| judeu (m) | яхудий | yahudiy |

| budismo (m) | Буддизм | Buddizm |
| budista (m) | буддист | buddist |

| hinduísmo (m) | Ҳиндуизм | Hinduizm |
| hindu (m) | ҳиндуий | hinduiy |

| Islã (m) | Ислом | Islom |
| muçulmano (m) | мусулмон | musulmon |
| muçulmano (adj) | мусулмонларга оид | musulmonlarga oid |

| xiismo (m) | Шиалик | Shialik |
| xiita (m) | шиа | shia |

| sunismo (m) | Суннийлик | Sunniylik |
| sunita (m) | сунний | sunniy |

## 196. Religiões. Padres

| padre (m) | руҳоний | ruhoniy |
| Papa (m) | Рим Папаси | Rim Papasi |

| monge (m) | роҳиб | rohib |
| freira (f) | роҳиба | rohiba |
| pastor (m) | пастор | pastor |

| abade (m) | аббат | abbat |
| vigário (m) | викарий | vikariy |
| bispo (m) | епископ | episkop |
| cardeal (m) | кардинал | kardinal |

| pregador (m) | ваъзхон | va'zxon |
| sermão (m) | ваъз | va'z |
| paroquianos (pl) | қавм | qavm |

| crente (m) | диндор | dindor |
| ateu (m) | атеист | ateist |

## 197. Fé. Cristianismo. Islão

| Adão | Одам Ато | Odam Ato |
| Eva | Момо Ҳаво | Momo Havo |

| Deus (m) | Худо | Xudo |
| Senhor (m) | Парвардигор | Parvardigor |
| Todo Poderoso (m) | Қудратли | Qudratli |

| pecado (m) | гуноҳ | gunoh |
| pecar (vi) | гуноҳ қилмоқ | gunoh qilmoq |

| | | |
|---|---|---|
| pecador (m) | гуноҳкор | gunohkor |
| pecadora (f) | гуноҳкор аёл | gunohkor ayol |
| | | |
| inferno (m) | дўзах | do'zax |
| paraíso (m) | жаннат | jannat |
| | | |
| Jesus | Исо | Iso |
| Jesus Cristo | Исо Масиҳ | Iso Masih |
| | | |
| Espírito (m) Santo | Муқаддас Руҳ | Muqaddas Ruh |
| Salvador (m) | Халоскор | Xaloskor |
| Virgem Maria (f) | Биби Марям | Bibi Maryam |
| | | |
| Diabo (m) | Иблис | Iblis |
| diabólico (adj) | иблисона | iblisona |
| Satanás (m) | Шайтон | Shayton |
| satânico (adj) | шайтонга оид | shaytonga oid |
| | | |
| anjo (m) | фаришта | farishta |
| anjo (m) da guarda | қўриқловчи фаришта | qo'riqlovchi farishta |
| angelical | фаришталарга оид | farishtalarga oid |
| | | |
| apóstolo (m) | ҳаворий | havoriy |
| arcanjo (m) | фаришталарнинг енг каттаси | farishtalarning eng kattasi |
| anticristo (m) | дажжол | dajjol |
| | | |
| Igreja (f) | Черков | Cherkov |
| Bíblia (f) | библия | bibliya |
| bíblico (adj) | библияга оид | bibliyaga oid |
| | | |
| Velho Testamento (m) | Таврот | Tavrot |
| Novo Testamento (m) | Инжил | Injil |
| Evangelho (m) | Инжил | Injil |
| Sagradas Escrituras (f pl) | Муқаддас Китоб | Muqaddas Kitob |
| Céu (sete céus) | Жаннат | Jannat |
| | | |
| mandamento (m) | муқаддас бурч | muqaddas burch |
| profeta (m) | пайғамбар | payg'ambar |
| profecia (f) | пайғамбарлик | payg'ambarlik |
| | | |
| Alá (m) | Аллоҳ | Alloh |
| Maomé (m) | Муҳаммад | Muhammad |
| Alcorão (m) | Қуръон | Qur'on |
| | | |
| mesquita (f) | мачит | machit |
| mulá (m) | мулла | mulla |
| oração (f) | ибодат | ibodat |
| rezar, orar (vi) | ибодат қилмоқ | ibodat qilmoq |
| | | |
| peregrinação (f) | зиёрат | ziyorat |
| peregrino (m) | зиёратчи | ziyoratchi |
| Meca (f) | Макка | Makka |
| | | |
| igreja (f) | черков | cherkov |
| templo (m) | ибодатхона | ibodatxona |

| | | |
|---|---|---|
| catedral (f) | бош черков | bosh cherkov |
| gótico (adj) | готик | gotik |
| sinagoga (f) | синагога | sinagoga |
| mesquita (f) | мачит | machit |
| capela (f) | бутхона | butxona |
| abadia (f) | аббатлик | abbatlik |
| convento (m) | монастир | monastir |
| monastério (m) | монастир | monastir |
| sino (m) | қўнғироқ | qo'ng'iroq |
| campanário (m) | қўнғироқхона | qo'ng'iroqxona |
| repicar (vi) | жаранглатмоқ | jaranglatmoq |
| cruz (f) | хоч | xoch |
| cúpula (f) | гумбаз | gumbaz |
| ícone (m) | бут | but |
| alma (f) | жон | jon |
| destino (m) | тақдир, қисмат | taqdir, qismat |
| mal (m) | ёвузлик | yovuzlik |
| bem (m) | езгулик | ezgulik |
| vampiro (m) | қонхўр | qonxo'r |
| bruxa (f) | ялмоғиз | yalmog'iz |
| demônio (m) | иблис | iblis |
| espírito (m) | рух | ruh |
| redenção (f) | гуноҳини ювиш | gunohini yuvish |
| redimir (vt) | гуноҳини ювмоқ | gunohini yuvmoq |
| missa (f) | ибодат | ibodat |
| celebrar a missa | ибодат қилмоқ | ibodat qilmoq |
| confissão (f) | тавба | tavba |
| confessar-se (vr) | тавба қилмоқ | tavba qilmoq |
| santo (m) | авлиё | avliyo |
| sagrado (adj) | муқаддас | muqaddas |
| água (f) benta | муқаддас сув | muqaddas suv |
| ritual (m) | маросим | marosim |
| ritual (adj) | маросимга оид | marosimga oid |
| sacrifício (m) | қурбонлик | qurbonlik |
| superstição (f) | хурофот | xurofot |
| supersticioso (adj) | хурофий | xurofiy |
| vida (f) após a morte | нариги дунёдаги ҳаёт | narigi dunyodagi hayot |
| vida (f) eterna | мангу ҳаёт | mangu hayot |

# TEMAS DIVERSOS

## 198. Várias palavras úteis

| | | |
|---|---|---|
| ajuda (f) | ёрдам | yordam |
| barreira (f) | тўсиқ | to'siq |
| base (f) | асос | asos |
| categoria (f) | тоифа | toifa |
| causa (f) | сабаб | sabab |
| | | |
| coincidência (f) | бир хиллик | bir xillik |
| coisa (f) | нарса | narsa |
| começo, início (m) | бошланиши | boshlanishi |
| cômodo (ex. poltrona ~a) | қулай | qulay |
| comparação (f) | таққослаш | taqqoslash |
| | | |
| compensação (f) | компенсация | kompensatsiya |
| crescimento (m) | ўсиш | o'sish |
| desenvolvimento (m) | ривожланиш | rivojlanish |
| diferença (f) | тафовут | tafovut |
| efeito (m) | самара | samara |
| | | |
| elemento (m) | унсур | unsur |
| equilíbrio (m) | мувозанат | muvozanat |
| erro (m) | хато | xato |
| esforço (m) | куч бериш | kuch berish |
| estilo (m) | услуб | uslub |
| | | |
| exemplo (m) | мисол | misol |
| fato (m) | далил | dalil |
| fim (m) | интихо | intixo |
| forma (f) | шакл | shakl |
| | | |
| frequente (adj) | тез такрорланувчи | tez takrorlanuvchi |
| fundo (ex. ~ verde) | асосий ранг | asosiy rang |
| gênero (tipo) | тур | tur |
| grau (m) | даража | daraja |
| ideal (m) | идеал | ideal |
| | | |
| labirinto (m) | лабиринт | labirint |
| modo (m) | усул | usul |
| momento (m) | лаҳза | lahza |
| objeto (m) | объект | ob'ekt |
| obstáculo (m) | тўсиқ | to'siq |
| | | |
| original (m) | оригинал | original |
| padrão (adj) | стандарт | standart |
| padrão (m) | стандарт | standart |
| paragem (pausa) | тўхташ | to'xtash |
| parte (f) | қисм | qism |

| partícula (f) | заррача | zarracha |
| pausa (f) | тўхтам | to'xtam |
| posição (f) | позиция | pozitsiya |
| princípio (m) | тамойил | tamoyil |

| problema (m) | муаммо | muammo |
| processo (m) | жараён | jarayon |
| progresso (m) | тараққиёт | taraqqiyot |
| propriedade (qualidade) | хосса | hossa |

| reação (f) | реакция | reaktsiya |
| risco (m) | таваккал | tavakkal |
| ritmo (m) | суръат | sur'at |
| segredo (m) | сир | sir |
| série (f) | серия | seriya |

| sistema (m) | тизим | tizim |
| situação (f) | вазият | vaziyat |
| solução (f) | ечим | echim |
| tabela (f) | жадвал | jadval |
| termo (ex. ~ técnico) | атама | atama |

| tipo (m) | тур | tur |
| urgente (adj) | шошилинч | shoshilinch |
| urgentemente | тезда | tezda |
| utilidade (f) | фойда | foyda |

| variante (f) | вариант | variant |
| variedade (f) | танлов | tanlov |
| verdade (f) | ҳақиқат | haqiqat |
| vez (f) | навбат | navbat |
| zona (f) | зона | zona |

www.ingramcontent.com/pod-product-compliance
Lightning Source LLC
Chambersburg PA
CBHW071342090426
42738CB00012B/2971